高职高专"工学结合"特色教材

主 编 姜 蕾

副主编 张 斌

秘书工作实务

江苏大学出版社
JIANGSU UNIVERSITY PRESS
镇 江

图书在版编目(CIP)数据

秘书工作实务/姜蕾主编.—镇江:江苏大学出
版社,2013.9
ISBN 978-7-81130-575-3

Ⅰ.①秘… Ⅱ.①姜… Ⅲ.①秘书学－高等职业教育
－教材 Ⅳ.①C931.46

中国版本图书馆 CIP 数据核字(2013)第 221335 号

秘书工作实务
Mishu Gongzuo Shiwu

主　编/姜　蕾
责任编辑/吴昌兴　郑晨晖
出版发行/江苏大学出版社
地　　址/江苏省镇江市梦溪园巷 30 号(邮编:212003)
电　　话/0511-84446464(传真)
网　　址/http://press.ujs.edu.cn
排　　版/镇江文苑制版印刷有限责任公司
印　　刷/丹阳市兴华印刷厂
经　　销/江苏省新华书店
开　　本/718 mm×1 000 mm　1/16
印　　张/14
字　　数/237 千字
版　　次/2013 年 9 月第 1 版　2013 年 9 月第 1 次印刷
书　　号/ISBN 978-7-81130-575-3
定　　价/32.00 元

如有印装质量问题请与本社营销部联系(电话:0511-84440882)

前　言

　　"工学结合"是将工作与学习结合在一起的人才培养模式,它以职业为导向,充分利用学校内外不同的教育环境和资源,把以课堂教学为主的校内教育和直接获取实践经验的校外工作有机结合,贯穿于对学生的培养过程中。

　　《秘书工作实务》正是按照"工学结合"培养模式的要求进行教材设计和编写,将秘书工作常见的辅助管理和综合服务工作分为五个项目,强调"学习的内容是工作,通过工作实现学习",较好地解决了秘书教材中理论与实践脱节的问题。本书可作为高职高专院校文秘专业的教学用书,也适合于各类企事业单位秘书从业人员的学习、参考和使用。

　　本书呈现以下特点:

　　1. 体例新颖,职业特征明显

　　本书从实际出发,将秘书工作内容梳理成五个项目,再按照工作环节或工作流程设计具体的工作任务,每个项目下的单项任务均按照"任务描述、知识要点、任务实施、实践训练"的思路设置,力求将工作与学习有机结合,切实培养学生的职业能力。

　　2. 理论够用,注重工作指导和评估

　　本书舍弃了繁琐的理论介绍,强调应用性和可操作性,重点突出与秘书工作任务密切相关的知识要点,力求应用。在任务实施这一环节中,加强了针对性的任务指导以及多样化的任务评估,易于学生掌握秘书工作的技能,完成对秘书实务课程的学习。

　　3. 校企合作开发

　　本书由学校与企业共同开发完成,这使得教材内容及所设计的项目与任务更贴近秘书工作实际。

　　本书由镇江高等专科学校姜蕾担任主编,负责全书的修改统稿,镇江高等专科学校张斌担任副主编,无锡君来湖滨饭店吕娜参与编写。具体编写任务如下:项目一、项目二由姜蕾编写,项目三由姜蕾、吕娜编写,项目四与项目五由张斌编写。

本书在编写过程中参阅了国内秘书工作方面专家、学者们的研究成果,得到了江苏大学出版社的大力支持,在此一并致以衷心的感谢。

由于编写时间仓促以及个人的学术视野所限,可参考的"工学结合"体例的教材很少,疏漏及错误之处在所难免,敬请有关专家和读者批评指正。

编　者

2013 年 7 月

目 录
Contents

项目一

办公室事务管理

项目简介

本项目涉及办公室的日常事务管理,包括办公环境的管理、接打电话、日常接待、邮件处理、印信管理、日程安排与管理、值班工作、办公用品的购置与管理等。旨在帮助学习者掌握处理办公室主要事务的方法和必要的技能。

任务1　办公环境的管理

一、任务描述

1. 办公环境的管理是秘书做好办公室工作的一项基本任务,一般该任务的工作内容包括:办公室的布置、整理,办公环境的维护,办公环境的安全管理。

2. 做好办公环境的管理。首先,要了解什么是办公环境及布局要素;其次,明确办公室布置的程序及方法;再次,掌握整理上司办公室、秘书个人办公室及公共办公区的要点;最后,能够识别办公区域的安全隐患,定期进行安全检查,会填写《隐患记录处理表》。

二、知识要点

1. 办公室环境

广义:指一定组织机构的所有成员所处的大环境。

狭义:指一定组织机构的秘书部门工作所处的环境,包括人文环境(软件)和自然环境(硬件)。

办公室环境包括:办公室的空间环境、办公室的视觉环境、办公室的听觉环境、办公室的空气环境、办公室人员的健康与安全环境。

2. 办公室布局类型

分为开放式办公室与封闭式办公室。

开放式办公室:将一个大工作间切分成多个相对独立的工作单元,把组织内部各职能部门的所有工作人员按照工作程序安排在各工作单元内开展工作,如图1-1所示。

封闭式办公室:较为传统的办公布局,是把组织内部各职能部门独立安排在一个个小房间内,组成一个个小办公室,如图1-2所示。

图1-1　开放式办公室

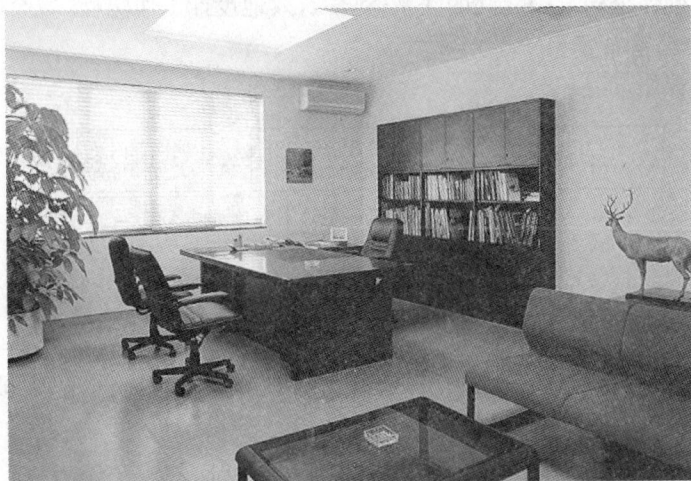

图 1-2　封闭式办公室

开放式办公室与封闭式办公室各有其优缺点,如表 1-1 所示。

表 1-1　开放式与封闭式办公室的优缺点比较

办公室类型	优　点	缺　点
开放式办公室	1. 灵活应变,工作位置能随需要而移动、改变; 2. 节省面积、节省费用,能容纳更多的员工; 3. 易于沟通,便于交流; 4. 易受监督,员工的行为容易得到上司的督察; 5. 便于集中化服务和共享办公设备	1. 难保机密; 2. 很难集中注意力,员工容易受电话、人们走动等因素干扰; 3. 房间易有噪声,如说话声、打电话和操作设备声,易影响他人; 4. 员工难于找到属于自己的私人空间
封闭式办公室	1. 比较安全,可以锁门; 2. 易于保证工作的机密性; 3. 易于员工集中注意力,从事细致或专业工作; 4. 易于保护隐私,明确办公空间由自己使用	1. 费用高、墙、门、走廊等占用空间多并且需要装修; 2. 难于监督工作人员的活动; 3. 难于交流,员工易感觉孤独

3. 办公室布局需要考虑的因素

(1) 企业的规模和员工人数。

(2) 企业的机构设置和工作设计。

(3) 企业经营的性质和内容。

（4）确保公司部门之间的联系,科学有效地设计工作流程。

4. 办公室布置

布置程序:

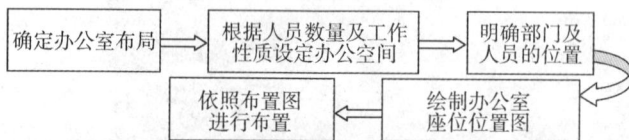

办公室布置的考虑因素:

空间:一般而言,每人的办公空间在 $3\sim10\ m^2$ 即可。

主管的办公桌应该与秘书最近,并拥有独立的接待空间,以保证不会给下属的工作造成干扰;秘书的办公桌和主管办公桌最近,和主管沟通不会影响其他同事;下属应拥有不受干扰的个人办公空间。

位置:工作联系紧密的部门和人员,应置于相邻的位置,便于沟通联系;主管应位于部属座位之后,以便于主管观察工作地点发生的事情。

温度:一般认为,最适合人体的室温为 $18\sim26\ ℃$ 。

湿度:室内空气相对湿度的国家标准是夏天 $40\%\sim80\%$,冬天 $30\%\sim60\%$ 。

通风:设置可打开的窗户,通风换气有利于员工身体健康。

采光:从窗户进来的自然光是非常好的光源,光线尽量来自桌子的左上方或斜后上方。强烈的阳光需要安装百叶窗遮挡。

装饰:选择特定的颜色促进平静的工作气氛;摆放合适的绿色植物;选择切合企业文化的字画并悬挂。

办公室座位位置如图1-3所示。

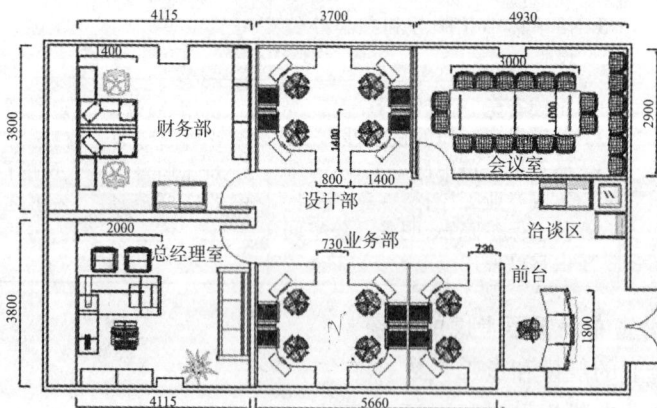

图1-3 办公室座位位置图

5. 整理办公区域

整理流程:

整理上司的办公区域 ⟶ 整理秘书的办公区域 ⟶ 整理公共区域

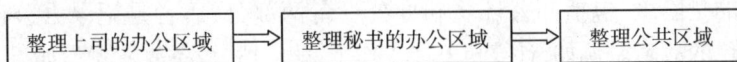

办公区域整理要点如表1-2所示。

表1-2 办公区域整理要点

办公区域	整理要点
上司办公区域	每天定时开窗通风;整理上司办公桌及文件柜,清扫地面;护养绿色植物;准备茶水;检查上司办公区有无安全隐患
秘书办公区域	清洁办公室;清理过期用品,摆放常用物品;为电话按键、听筒、传真机磁头进行清洁消毒;检查个人区域安全隐患
公共区域	保持会客室和会议室的清洁;注意维护办公自动化设备;对文件柜、档案柜、书架、物品柜等共用资源经常清理;发现办公环境的有碍健康和安全的隐患,及时进行整改

6. 办公环境的安全管理

管理流程:

确定检查周期 ⟶ 发现隐患后报告并解决 ⟶ 记录隐患处理过程及结果

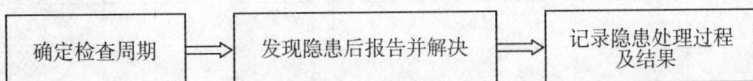

识别办公室安全隐患:

办公建筑隐患:主要指地板、墙、天花板及门、窗等。如地板缺乏必要的防滑措施;离开办公室前忘记关窗、锁门等。

办公室物理环境方面的隐患:如光线不足或刺眼;温度、湿度调节欠佳;噪音控制不当等。

办公家具方面的隐患:如办公家具和设备等摆放不当,阻挡通道;家具和设备有突出的棱角;橱柜顶端堆放太多东西有倾斜倾向等。

办公设备及操作中的隐患:如电线磨损裸露;拖拽电话线或电线;电脑显示器摆放不当的反光;复印机的辐射;违规操作等。

工作中疏忽大意的人为隐患:如站在转椅上举放物品;女士的长头发卷进有关的机器设备;复印后将保密原件遗留在复印机玻璃板上;在办公室里抽烟;不能识别有关的安全标识等。

消防隐患:如乱扔烟头;灭火设备已损坏或超过有效期;灭火器上堆放物

品;火灾警报失灵等。

要区分"隐患记录处理表"(表1-3)和"设备故障表"(表1-4)的使用:前者记录的是隐患,包括办公环境和办公设备两部分;后者是记录办公设备运行中出现的故障。例如,计算机不能工作了,就应填"设备故障表";如果计算机仍能操作,但屏幕被强光照射,非常刺眼,就应该填写"隐患记录处理表"。

表1-3 隐患记录处理表

序号	时间	地点	发现的隐患	隐患原因	隐患危害及后果	处理人	措施

表1-4 设备故障表

时间	地点	设备名称、型号	使用部门及人员	何故障	故障原因	处理人	措施

三、任务实施

任务布置

情境1

天地公司准备再开办一个销售分公司,租用了某写字楼一层的大厅,新办公室长10 m,宽8 m,为开放式办公室。销售部有经理1人,秘书1人,销售人员6人。销售部经理告诉秘书钟苗,除了办公室外,还需一个小型会议室,便于召开部门会议。

请根据以上要求,合理设置办公室布局并绘制示意图。

情境2

天地公司的研发部为了完成公司交给的研发任务,包括研发部经理在内的全体人员都加班到凌晨 1 点多。研发部秘书钟苗在 8 点 40 分来到公司后，发现研发部经理办公室及会议室非常凌乱，办公桌和茶几上摆满了茶水和文件，烟灰缸里堆满了烟头。部门人员一般会在 9 点准时来到办公室，所以钟苗要在 9 点前清理好办公室，并且为经理准备好今天的资料。

请根据情境分组进行演示。

情境 3

天地公司研发部秘书钟苗每周都对研发部办公室及其所有设备进行一次安全检查。钟苗检查并处理了下述几条有碍健康和安全的隐患，为研发部保持良好的工作环境尽到了职责。主要隐患有：研发部新订的一批计算机到货，送货方将货堆在楼道拐角消火栓窗口前；办公桌之间的电话线、电脑线交叉拖拽；研发部靠窗一排的电脑屏幕因阳光照射很是刺眼；5 号文件资料柜未上锁。

请演示情境并填写隐患记录处理表。

任务指导

1. 钟苗首先应根据办公室现有条件确定办公室布局；接着应根据情况，充分考虑各部门及人员的空间和位置；然后，绘制办公座位布局图，绘制时还应考虑采光、通风及绿植的摆放。

2. 因时间紧迫，钟苗应首先注意调整整理流程，先整理经理办公室，再公共区域会议室，将自己办公室的整理放在最后。然后按照不同工作区域的整理要点分别进行整理。

3. 钟苗首先要对发现的隐患进行处理并报告上司，比如针对第一个隐患，应立即通知研发部，再报告上司；然后，针对每一个隐患的情况进行处理并填写隐患记录处理表。

任务评估

评价方式：学生自评、小组评价、教师评价（评价过程可采用评价表格进行，如表 1-5 所示）。

评价依据：

1. 办公室布局图的绘制：布局结构合理，充分考虑各区域的功能；空间安排合理，人员位置安排得当；考虑到绿色植物的摆放。

2. 办公区域的整理：演示必须是整个过程，即秘书钟苗走进办公室到员工上班；演示必须符合整理办公区域的程序；整理态度良好且合乎规范；体现一定的应变能力和团队精神。

3. 隐患处理:演示时处理程序正确、处理方法得当、处理态度端正;隐患记录处理表中项目齐全,填写正确。

表1-5 办公环境管理评分表

评价事项	评分要素	分值	自我评价 (20%)	小组评价 (30%)	教师评价 (50%)
绘制办公室 布局图	布局结构	30			
	空间安排				
	位置安排				
	办公室美化				
办公区域整理	整理时间	35			
	整理步骤				
	整理态度				
	规范程度				
	应变能力				
	团队合作				
隐患处理	处理程序	35			
	处理方法				
	处理态度				
	隐患记录处理表填写				

四、实践训练

案例讨论

1. 秘书初萌每天上班和下班前都将自己的工作区域清洁整理得干干净净、有条不紊,同时她也主动清洁整理自己常用的复印机、打印机、饮水机、档案柜、公用书架等。每当她看到复印纸抽拿零乱、公用字典扔在窗台、废纸桶满了没人倒时,都及时做些清洁整理工作,以维护办公环境的整洁。

秘书钟苗每天都认真清洁整理自己的办公桌,常用的笔、纸、回形针、订书器、文件夹以及专用电话等都摆放有序。下班前,她也将办公桌收拾得干净整齐,从不把文件、物品乱堆乱放在桌面上。但钟苗很少参与清理和维护公用区域,也常将公用资源如电话号码本、打孔机、档案夹等锁进自己的办公桌,常常使别人找不到,影响了工作。

秘书王琳上班匆匆忙忙,接待室的窗台布满灰尘、办公桌上堆得满满当当、电脑键盘污迹斑斑、上司要的文件总是东查西翻、每日常用的"访客接待本"也总是找不到。自己的办公桌都没有管理清楚,更无暇顾及他处。

结果三个月后,王琳被公司辞退了,钟苗还在秘书岗位上工作,而初萌已晋升办公室主任。

试分析三位秘书不同结局的原因。

2. 秘书王琳今天来得比往日都早,她准备利用公司许总出差之际为许总归来后创造一个舒适温馨的工作环境。

许总的办公室在最里间,王琳的办公室就在许总办公室的外面,两屋有一扇门相通。任何人要进入许总办公室都得从王琳的办公室通过,王琳的办公室就相当于枢纽和窗口。其他的部门呈半环形分布在王琳和许总办公室的对面。

王琳先进入自己的办公室,首先映入眼帘的是窗台上的各式盆景和竞相开放的各色鲜花。进门,在右边是棵高大的绿色灌木,很清新的感觉。不过可能因为许总不在,也暂时没有秘书专门负责监督的缘故,清洁公司并没有把地上的落叶清扫干净。王琳的办公桌上有一台电脑、传真机、三部电话,一些文件格、文件夹和几页未装进文件夹的散开的文件,另有一些笔筒之类的必备用品;办公桌的前面放着一些为客人准备的椅子和沙发;办公桌后面是自己的座椅,再后面则是靠墙的大型立柜,里面分格分层放着各类文件和书籍,但是却有一些凌乱;大型立柜的旁边紧挨墙的地方,有个齐腰的矮柜,上面放着饮水机,小柜里放着一些纸杯和咖啡、方糖之类的饮料和食品。

许总的办公室要比王琳的办公室大一些,基本的摆设没有很大的差异。宽大的办公桌上也有一台电脑,另外只简单地摆着电话和一些文件夹;有两个并列的靠墙立式柜,在另一面靠墙的地方环形摆开的是沙发。整个办公室体现的是一种简约美,让人心旷神怡。

王琳打量完两个办公室,对自己的工作应该从哪里着手也基本了然于胸。她打开窗帘,打开空调,调节好办公室的温度、湿度。之后将窗台、办公桌、电脑……凡目光可及的地方都细细地擦过;饮水机里的水不多了,应该和送水公司联系一下;储备的办公日用品也应该再补充;应该再去买点书法绘画之类的物品装饰一下墙面……她想好好美化这里的办公环境,不仅给许总,也要给来访的公司内外的客人一个良好的印象。

清洁整理工作基本告一段落,现在正好是8:30。

试分析办公室布局及王琳整理办公室是否规范。

3. 天地公司秘书钟苗下午发现接待区通往门口的通道上堆放了很多销售部的空纸箱,她是这样处理的:立即向行政主管报告,得到马上清理的指示,参加清理工作,确保接待区到门口的过道通畅。

在周末的工作会上,行政经理表扬了钟苗,并告诫全体工作人员以此为鉴,做好工作环境的风险防范。

试分析为什么钟苗受到表扬?

4. 华泰集团秘书在董事会会后用碎纸机处理废弃的选票,就在她操作的过程中,一不小心戴在胸前的长丝巾卷入了碎纸机。虽然她立即关闭电源,毁掉一条丝巾,但不遵守设备安全规程操作的后果是极危险的。

当晚下班前,行政经理以此事为例向所有员工再次强调一定要遵守设备安全操作规程。他说,如果今天卷进去的不是丝巾而是披散的长发,那真是让人后怕呀!

你能从此案例中吸取什么教训?

拓展训练

1. 利用课余时间分组对系部办公区域进行整理。

2. 利用课余时间,分组调查系部或团委办公室的布局与环境、安全状况,就上述情况进行分析,找出存在的问题并提出改正的建议。

任务2 接打电话

一、任务描述

1. 接打电话是秘书做好办公室工作的一项常规任务,一般该任务的工作内容包括:接听电话、拨打电话及特殊电话的处理。

2. 正确接打电话。首先,要掌握接听电话和拨打电话的流程;其次,掌握接打电话的注意事项;再次,能正确填写电话记录单;最后,会熟练使用电话规范用语。

二、知识要点

电话是每个企事业单位重要的交际及通讯工具之一,也是文秘人员借以开展工作、进行内外沟通、上下联系必不可少的办公工具。

1. 接打电话流程

接听电话流程：

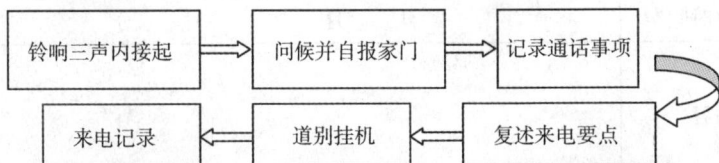

```
铃响三声内接起 ──▶ 问候并自报家门 ──▶ 记录通话事项
                                          │
来电记录 ◀── 道别挂机 ◀── 复述来电要点 ◀──┘
```

拨打电话流程：

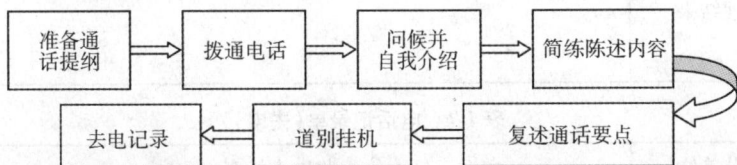

```
准备通 ──▶ 拨通电话 ──▶ 问候并 ──▶ 简练陈述内容
话提纲                自我介绍             │
                                          │
去电记录 ◀── 道别挂机 ◀── 复述通话要点 ◀──┘
```

2. 接听电话的注意事项

（1）铃响三声之内，必须接听电话，否则会失礼于对方。若三声之后才接听，应向对方道歉。

（2）左手持话机，右手拿笔，随时准备记录。电话记录既要简洁又要完备。

（3）保持正确的姿势及表情，声音清脆响亮。

（4）在电话即将结束时，应该礼貌地请对方先收线，这时整个电话才算圆满结束。

3. 拨打电话的注意事项

（1）选择适当的时间打电话，避开用餐时间、节假日、休息时间、临近上下班时间。

（2）通话内容应简洁明了，直奔主题。

（3）通话时间比较长，应先礼貌询问，征得同意。通话内容复杂，应主动提醒对方做好电话记录。通话过程受到干扰或中断，应主动再将电话打回去，并向对方致歉。

4. 电话记录单

电话记录单一般要有六个要素：来电时间、来电单位、来电人姓名、来电号码、来电内容、记录署名。通话时对于重要内容，特别是人名、地名、时间、数字等一定要记录准确。

电话记录单如表 1-6、表 1-7 所示。

表1-6　电话记录单(来电)

来电单位		来电人姓名	
电话号码		收电人姓名	
来电时间	年　　月　　日　　时　　分		
内容			
处理结果			
		年　　月　　日	

表1-7　电话记录单(去电)

去电单位		收电人姓名	
电话号码		去电人姓名	
去电时间	年　　月　　日　　时　　分		
内容			
备注			

5. 接打电话语言示范

接听电话:您好,这里是××公司人力资源部。

婉拒对方:很抱歉,×经理外出考察,请问您有什么留言需要我转告?

拨打电话:您好,我是××公司人力资源部的钟苗,请问初萌在吗?

通话时间长,征询对方:×先生,我想和您探讨一下某计划的细节,大概需要占用您15分钟,不知您方不方便?

通话过程受到干扰:实在对不起,我手头突然有急事,5分钟后再给您打回去好吗?

投诉电话应对:您不用着急,您反映的问题一定会引起我公司的重视,我会马上向领导汇报,一有结果我会及时与您电话联系。

三、任务实施

🌸 任务布置

🦋 情境1

方正公司钱经理正在召开工作例会,公司的合作伙伴华茂公司的杨总来了电话要找钱经理,秘书张叶应如何应对?

请演示当时的情境。

🦋 情境2

方正公司秘书张叶接到东风贸易公司吴总电话,说航班延误,下午才能到机场,到时想直接去展销会现场,但不知道怎么坐车,请张秘书告诉他。

请演示当时的情境。

🦋 情境3

方正公司秘书张叶下午接到一位客户的投诉电话,抱怨他买的手机品质不好,给他增加了很多麻烦。他非常恼火,情绪激动,言语有些过激。

请问张叶应如何处理? 请演示当时的情境。

🦋 情境4

方正公司秘书张叶接到一位客户打来的电话,抱怨张叶的一位同事,说他态度不好,答应提供服务却未能兑现。张叶既要保护同事和公司的信誉,又要使客户得到安慰和帮助。

请问张叶应如何应对? 请演示当时的情境。

🦋 情境5

方正公司秘书张叶要致电时光公司的高崎,告知需要对方制作录像带的脚本已经发到他邮箱里了,想问他修改意见。

请演示:1. 高崎顺利接听电话的应对情况。

2. 高崎不在公司的应对情况。

🌸 任务指导

1. 张叶应该及时接听电话,自报家门;针对当时的情况,可以跟对方表示,会议一结束就让钱经理回电话;最后跟对方道别,并做好电话记录。

2. 张叶应该及时接听电话,自报家门;针对当时的情况,请对方不要着急,并询问具体抵达时间,告知对方公司将派车来迎接;最后做好电话记录。

3. 张叶应该及时接听电话,自报家门;针对当时的情况,耐心听完对方的抱怨,做好相关记录,如机主信息及手机质量情况,并向对方承诺会立刻反馈。

4. 张叶应该及时接听电话,自报家门;针对当时的情况,耐心听完对方的投诉,做好记录。对于同事的问题,向对方进行解释并表示歉意;对于答应对方的服务,问清情况,向对方表示会立刻兑现。

5. 张叶在拨打电话之前要准备一个简单的电话提纲,拨通电话后,先问候对方并自报家门。高崎顺利接到电话,则简练陈述内容,请对方能尽快回复。高崎不在公司的话,考虑到这是麻烦对方的事,则应另选时间打电话给对方,并做好去电记录。

✿ 任务评估

评价方式:学生自评、小组评价、教师评价(评价过程可采用评分表格进行,评分表如表1-8所示)。

评价依据:

1. 情景演示需准备办公桌、办公椅各一张,一台电话、两部手机等若干用品。

2. 演示必须是整个过程,接听电话从电话铃声响到做完电话记录,拨打电话从拨通电话到道别挂机。

3. 要求既要符合接打电话的程序,又要具备电话用语礼仪,还要体现出秘书的应变能力与团队合作能力。

表1-8 接打电话评分表

任务:接打电话								
组长:			组员:			指导教师:		
准备 工作 (15分)	接打 步骤 (25分)	电话 用语 (25分)	电话 记录 (15分)	应变 能力 (10分)	团队 合作 (10分)	自我 评价 (20%)	小组 评价 (30%)	教师 评价 (50%)

四、实践训练

🖙案例讨论

1. 秘书钟苗一次接到客户的电话,铃声响了六声之后才接。电话中对方埋怨秘书迟迟不接电话,情绪很大,钟苗反驳说自己也很忙。请问钟苗做得对吗?

2. 秘书高叶正在接听一个电话,突然办公桌上另一部电话响了,他立即挂掉手中的电话去接另一个电话。你认为高叶做得对吗?

3. 一天,秘书初萌在几分钟内连续几次接到同一个人错打的电话,可是每次对方都是什么都不说就把电话挂了。初萌非常恼火,于是特意按照来电显示屏上的那个号码拨通电话,狠狠地把对方臭骂了一顿。请问秘书初萌这么做对吗? 你认为应该怎么处理?

4. 秘书王琳接到一个因工受伤的职工打来的电话,反映自己目前的待遇,火气很大。王琳一时不知如何是好,便让总经理来接听电话。请问王琳这么做对吗?

5. 秘书王丽要外出学习一段时间,为了不影响公司的工作,在征得总经理的同意后,她请自己最好的朋友刘小姐暂时代理她的工作,时间为一个月。刘小姐大专刚毕业,比较单纯,王丽把工作交代给她,并鼓励她努力干。

一天,陈经理外出了,刘小姐正在办公室打字,电话铃响了,刘小姐与来电者的对话如下:

来电者:"是人文创新集团吗?"

刘小姐:"是。"

来电者:"你们经理在吗?"

刘小姐:"不在。"

来电者:"你们是生产家用电器的吗?"

刘小姐:"是。"

来电者:"你们的洗衣机多少钱一台?"

刘小姐:"2000 元。"

来电者:"1800 元一台行不行?"

刘小姐:"对不起,不行的。"说完,"啪"地一声挂上了电话。

经理回来后,刘小姐也没有把来电的事告诉他。过了一星期,经理提起他刚谈成一笔大生意,以 1600 元一台卖出了 1000 台洗衣机。刘小姐脱口而出:"啊呀,上星期有人问 1800 元一台行不行,我知道你的定价是 2000 元,就说不行的。"经理当即脸色一变说:"你被解雇了!"刘小姐哭丧着脸说:"为什么?"经理说:"你犯了几个错误。"

讨论:刘小姐被解雇是因为经理说她犯了几个错误,分别是什么? 她在电话礼仪方面还犯了哪些错误?

拓展训练

利用课余时间分组轮流到系部办公室、团委进行顶岗实习,实习期间做好电话接打工作。

任务3　日常接待

一、任务描述

1. 日常接待是秘书做好办公室工作的一项常见任务,一般该任务的工作内容包括:接待有预约的客人、接待无预约的客人、迎接客人、引导客人、恭送客人。

2. 做好日常接待。首先,要了解接待前的准备工作;其次,掌握日常接待中有预约和无预约接待的工作程序;再次,熟练掌握日常接待的各种技巧;最后,会熟练使用各种接待规范用语。

二、知识要点

日常接待是秘书最为常见的工作,秘书在接待客人时不仅代表个人形象,更代表了整个公司的形象。

1. 接待前的准备工作

(1) 心理准备

应有着诚恳的态度和合作的精神。

(2) 环境准备

接待环境包括:会客室、楼梯前台、走廊、办公室、厕所等。

接待环境应该清洁、整齐、明亮、美观、无异味、温度适宜等。

(3) 办公用品准备

前厅:为客人准备座椅,座椅样式应该线条简洁、色彩和谐。

会客室:桌椅摆放整齐,桌面清洁,没有水渍、污渍。

墙上可挂与环境协调的画,也可挂公司领导与国家领导人的合影,或某次成功的大型公关活动的照片,以提高公司的可信度。

桌上可放一些介绍公司情况的资料。另外,茶具、茶叶、饮料要准备齐全。一般客人可以用一次性纸杯,重要客人还是用正规茶具为好。

会客室应有良好的照明及空调设备,还应有一部电话、复印机、传真机等,即使不放在会客室,也不要离得太远。

客人走后:要及时清理会客室,清洗茶具、烟灰缸,换空气,然后关好门,准备迎接下一批客人。

(4)业务知识和能力的准备

包括本企业的发展历史、产品特点、规格、种类、各部门设置及领导职工的情况;较完备的资料,如当地宾馆,名胜古迹,游览路线,娱乐场所的名称、地点、联系方式,本市的政治、经济、文化等情况。

关于接待环境的提示:

最好每天下班前把所有的办公用品都整理好,第二天就不会手忙脚乱。上班能提前10分钟到达,就有时间把接待环境再清洁整理一遍。良好的接待环境会使自己和客人都感到愉快。

2.日常接待的程序

预约接待流程:

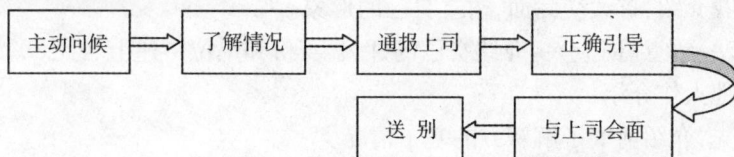

```
主动问候 → 了解情况 → 通报上司 → 正确引导
                                        ↓
送 别 ← 与上司会面 ←
```

无预约接待流程1:

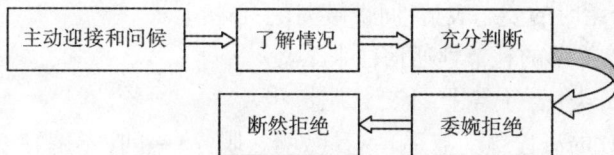

```
主动迎接和问候 → 了解情况 → 充分判断
                                ↓
断然拒绝 ← 委婉拒绝 ←
```

无预约接待流程 2:

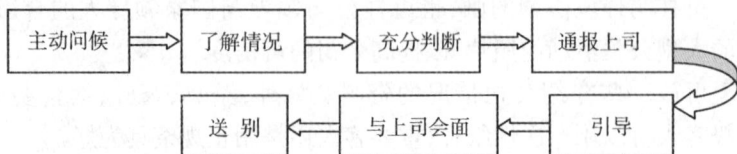

```
┌────────┐    ┌────────┐    ┌────────┐    ┌────────┐
│ 主动问候 │ ⟹ │ 了解情况 │ ⟹ │ 充分判断 │ ⟹ │ 通报上司 │
└────────┘    └────────┘    └────────┘    └────────┘
                                               ⬇
┌────────┐    ┌──────────┐    ┌────────┐
│ 送  别  │ ⟸ │ 与上司会面 │ ⟸ │ 引  导  │
└────────┘    └──────────┘    └────────┘
```

3.日常接待的技巧

(1)亲切迎客

"3S"原则:Stand up(站起来)、See(注视对方)、Smile(微笑)。

秘书看到来访的客人进来的第一时间,应马上放下手中的工作,站起来,注视对方面带微笑,有礼貌地向来访者问候。

关于迎客六要素:

① 称谓:是对他人的一种尊重和礼节性的称呼。

公务活动中:职务职称(正副有别)。

国际交往中:先生/女士。

② 问候:接待时主动问候客人;位低者先行问候。

③ 致意:根据情况可采用点头致意、欠身致意等方式。

④ 握手:注意握手的方法及握手的顺序(尊者先伸手)。

⑤ 介绍。

自我介绍:扩大交际面,树立自己的形象。

方法:致意(回应)→介绍自己的姓名、身份和单位→递上名片。

为他人作介绍:

首先,介绍前要了解双方的基本情况。

其次,正式介绍语的运用。"请允许我向您介绍……"

再次,介绍时的顺序,由卑到尊。

最后,介绍时的姿态表情:面带微笑,手心朝上。

⑥ 名片:简单的礼节性通信往来工具。

名片的分类:公务名片、社交名片。

接受名片的流程:接(双手)→看(姓名、职务)→问(不解)→收(名片夹、上衣口袋)。

递送名片的流程:递(正面朝上)→说(今后请多联系)。

(2)奉茶礼节

双手奉茶,切勿让手指碰到杯口;不用手指撮茶叶;为客人倒的第一杯茶,通常不宜斟得过满,以杯深的 2/3 处为宜。把握好续水的时机,以不妨碍宾客交谈为佳,不能等到茶叶见底后再续水。

（3）如何引导客人

带领客人去见上司时,一般要走在客人右前方 2～3 步作引导。遇见拐弯处,先停下,指示方向然后继续走。

带领客人乘坐电梯要让客人先上后下。

4. 接待语言示范

有预约的客人:××先生（女士）,您好,××经理正在会客室等您,我马上带您过去;对不起,××总经理正在处理一件紧急事情,请您稍等……

无预约的客人:您好! 这里是总经理办公室,我是经理秘书×× ,对不起,请问您贵姓? 是哪个公司的? 有什么事情吗?

接待时需要接听电话:对不起,我先接一个电话,请稍等。

接待时接完电话:对不起,让您久等了。

招待:请您用茶。

引导:请您这边走;请注意台阶;请您乘坐电梯……

委婉拒绝:对不起,××经理正在参加一个会议,不在公司,您可以留下姓名、电话,我负责转给他。

三、任务实施

任务布置

情境 1

张先生是某贸易公司的业务部经理。应约来访东风贸易公司的王总经理。王总恰巧在开会,要 15 分钟后才能与之会面。

请问作为接待人员的李莉应该如何去做? 请演示当时的情境。

情境 2

李先生是某汽车销售公司的副主管,未经预约来访东风贸易公司的王总经理,王总不愿与之会面,可他一定要硬性闯入。

请问秘书李莉应如何应对? 请演示当时的情境。

情境 3

朱先生是某贸易公司的高级工程师,因有公务急事来访东风贸易公司的王总经理。

请问秘书李莉应如何应对？请演示当时的情境。

任务指导

1. 秘书李莉首先要立刻停止手头工作,主动问候对方;确认对方有预约后,请对方在会客室稍候,递上杂志和茶水;15 分钟后,引导对方前往经理办公室。

2. 秘书李莉首先要立刻停止手头工作,主动问候对方;确认对方没有预约后,可以以经理不在公司先婉拒对方;如果对方一定要硬性闯入,李莉可以请楼层的保安介入。

3. 秘书李莉首先要立刻停止手头工作,主动问候对方;确认对方没有预约后,根据当时情况进行充分判断,认为可以让他与经理会面;在征求经理意见的情况下,引导会面。

任务评估

评价方式:学生自评、小组评价、教师评价(评价过程可采用评分表格进行,评分表如表1-9所示)。

评价依据:

1. 情景演示前应对接待室、办公室进行布置,除必要的办公家具外,应配置电话机、衣帽架、热水瓶或饮水机、茶具、茶叶、书报杂志或企业宣传画册等物品。

2. 演示必须是整个过程,即从来访客人进入办公室、秘书接待处理过程,直至秘书送别来访客人。

3. 要求既要符合接待的程序,又要具备接待礼仪,还要体现出秘书的应变能力及团队合作能力。

表1-9　日常接待评分表

任务:日常接待								
组长:　　　　组员:　　　　　　　　指导教师:								
环境 布置 (15分)	心理 准备 (10分)	操作 程序 (30分)	职业 礼仪 (20分)	应变 能力 (10分)	团队 合作 (15分)	自我 评价 (20%)	小组 评价 (30%)	教师 评价 (50%)

四、实践训练

☞案例讨论

1. 天地公司的初萌是一个新员工,她在前台负责接待来访的客人和转接电话,还有一个同事小石和她一起工作。每天上班后一到两个小时之间是她们最忙的时候,电话不断,客人络绎不绝。一天,有一位与人力资源部何部长预约好的客人提前20分钟到达。初萌马上通知人力资源部,部长说正在接待一位重要的客人,请对方稍等。初萌转告客人说:"何部长正在接待一位重要的客人,请您等一下。请坐。"正说着电话铃又响了,初萌匆匆用手指了一下椅子,赶快接电话。客人面有不悦。小石接完电话,赶快为客人送上一杯水,与客人闲聊了几句,以缓解客人的情绪。

请问秘书初萌有什么不妥的地方? 秘书接待应做好哪几方面的准备工作?

2. 当来访客人走进某药业集团有限公司经理办公室时,鲍秘书正在办公桌前打印一份文件,他向客人点点头,并伸手示意请客人先坐下。10分钟后,他起身端茶水给客人,用电话联系好客人要找的部门,在办公桌前起身向客人道别,并目送其走出办公室。为此事,鲍秘书受到了办公室主任的批评。

你认为鲍秘书为什么会被批评?

3. 某单位领导与刚来的客商正在会客厅里寒暄,秘书前来泡茶。他用手指从茶叶筒中拈了撮茶叶,放入茶杯内,然后冲上水……这一切,领导和客商都看到了。领导狠狠地瞪了秘书一眼,但碍于客商在场而不便发作。客商则面带不悦之色,把放在自己面前的茶杯推得远远的,同时说:"别污染了我的肠胃!"领导知道自己属下做事欠妥,所以只得忍气吞声。

你认为秘书做得对吗?

4. 初萌正在前台接电话,忽然看见两位客人直接往办公区走。初萌赶快叫住她们。客人有些不耐烦地说:"我们昨天刚来过,是找销售部的钱经理的,昨天有点事没办完。"初萌说:"对不起,请你们稍等一下。我马上带你们去见钱经理。"

请你说说秘书初萌做得是否合适?

📖 拓展训练

利用课余时间分组到系部办公室进行日常接待工作的实习。

任务4 邮件处理

一、任务描述

1. 邮件处理是秘书做好办公室日常工作的一项常规任务,一般该任务的工作内容包括:常规邮件的接收、常规邮件的寄发、帮助上司进行电子邮件的处理。

2. 做好邮件处理工作。首先,要掌握常规邮件接收和寄发的程序;其次,掌握常规邮件处理的方法;最后,掌握电子邮件的处理程序和方法。

二、知识要点

邮件处理是秘书的一项常规性任务,秘书每天可能收到大量的邮件(包括电子邮件)、报纸、杂志、包裹、汇票、汇款单等,也可能每天要发送大量的邮件(包括电子邮件)。

1. 邮件的接收

邮件接收流程:

签收 ➡ 分类 ➡ 拆封 ➡ 登记 ➡ 处理

分类:把私人邮件和公务邮件分开;将重要或紧急邮件与普通邮件分开。

拆封:拆邮件时,要在邮件底部轻轻敲击几下,使邮件内的物件落到下部;要使用开封刀或者用自动拆封机,不破坏邮票、邮戳、信封上的文字,保持信封的完整并保留信封。

如果无意中拆开了不应该拆的邮件,应该立即在邮件上注明"误拆"字样,并封好。

登记:无论是传统邮件还是电子邮件,除私人信件外,都应进行登记以便管理。登记时应写明:编号、发出时期、收到日期、发件对象、收阅对象、邮件名称、处理办法,如表1-10所示。

表 1-10　天地公司邮件登记表

编号:100322

发出日期	收到日期	发件对象	收阅对象	邮件名称	处理办法
2012 – 03 – 09	2012 – 03 – 11	宏达公司	总经理	邀请函	阅办并呈送给总经理,提醒出席时间
2012 – 03 – 10	2012 – 03 – 11	美联公司	市场部	公函	送交市场部
……	……	……	……	……	……

处理:急件或上司的亲收件应立即呈送;公函应先阅办再呈送给上司;阅看信函应仔细认真,重点部分应做标注、写摘要、提出拟办意见等;报纸杂志应上架;同事的私人信件可放入指定信袋或顺便送交。

公函在呈送时应注意以下两点:

① 呈送时将重要的信函放在上面,一般处理要求的信函放在下面。

② 需要由其他部门答复的信函,应先请示上司,不能擅自将其交给具体的承办人。

2. 邮件的寄发

邮件寄发流程:

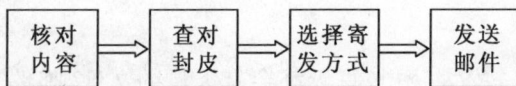

核对内容　→　查对封皮　→　选择寄发方式　→　发送邮件

核对内容:仔细检查发函的内容,细心检查签名、盖章等是否清晰无误,附件是否齐全。

查对封皮:查对封皮上的地址、收件人单位及姓名、邮编是否正确。

选择寄发方式:可选择的寄发方式有平信、挂号信、印刷品、包裹、特快专递等。如果时间紧迫,还可选择电子邮件、传真、电传、电报等。

3. 电子邮件处理方法

电子邮件,又称电子函件或电子信函,它是利用电子计算机所组成的互联网络,向交往对象所发出的一种电子信件。目前电子邮件在企业中使用得非常频繁。

具体处理:首先,将收件箱中的邮件进行过滤,删除不必要的邮件。然后进行分类并处理,一类是需要上司本人审阅的,存入相应文件夹;另一类邮件是秘书代为处理的,或转给其他部门负责人,或为秘书本人回复。需要根据上司授意进行邮件回复时,需注意语气,并从上司信箱中发出;如果是以秘书个人名义发送时,应在邮件中说明为上司授意。

如发出的邮件需要追踪结果或确认对方是否收到,需要设置回执。重要的邮件应及时保存。

电子邮件使用礼仪:主题要明确;称呼要礼貌;内容要正确;篇幅要简短;页面要清洁;谨慎使用附件功能。

关于主题明确:一个电子邮件,大都只有一个主题,并且往往需要在前注明。若是将其归纳得当,收件人见到它便对整个电子邮件一目了然了。

关于篇幅简短:电子邮件的内容应当简明扼要,以便收件人阅读。

关于页面清洁:一方面,对电子邮件修饰过多,难免会使其容量增大,收发时间增长,既浪费时间又浪费金钱,而且往往会给人以华而不实之感。另一方面,电子邮件的收件人所拥有的软件不一定能够支持上述功能。这样一来,收件人所收到的电子邮件就很有可能会大大地背离了发件人的初衷,因而使之前功尽弃。

三、任务实施

任务布置

情境 1

海潮公司是一家大公司,每天都会有大量的文件、邮件需要处理。张洁是这家公司销售部的秘书,她每天都要帮助领导整理和处理很多的文件和邮件,略微粗心一点就会产生疏漏。因此,她上班前要对自己工作中例行处理的问题和可能遇到的问题做一个简单的记录,并在工作结束后进行整理。这天一上班,前台就给她送来了一大摞邮件,其中有寄给总经理的邀请函一份、人事部刘部长的包裹、报刊、小册子等印刷材料、几位同事的私人信件。她马上开始处理。

请按照实际要求演练处理邮件的过程。

情境 2

海潮公司是一家大公司,每天都会有大量的文件、邮件需要发出。张洁是这家公司销售部的秘书,她每天都要寄发大量的邮件。这天,李总对一封某厂家发给公司的要求物资采购价下降10%的急件做了处理:他向张洁口述了回函的概要,并要求张洁整理出来后,以最快的速度发出。回函的概要大致是:我将会与公司详细讨论并重新核算成本,尽量满足贵公司的要求。但由于这些产品的价格与去年比未下降,我们不能保证价格会有所下降。一直以来我们都是本着双赢共进的原则与贵公司合作,为贵公司提供的产品皆是以较低的价格交货。

请按照实际要求演练寄发邮件的过程。

情境3

今天是星期一,海潮公司秘书张洁上班后打开上司的工作邮箱,发现里面有近100封未读邮件,其中有几十封垃圾邮件,还有20多封工作邮件,其中还有几封重要的询价邮件。

请按照实际要求演练处理电子邮件的过程。

任务指导

1. 张洁首先要对邮件进行分类,然后拆封、进行登记,接着进行阅办。对于经理的邀请函,张洁应阅读,将重点部分(时间、地点)用红笔划出,以便提醒领导,接着呈送给经理。人事部刘部长的包裹在登记完后应立刻送交。报刊、小册子等印刷资料应上架,同事的私人信件应放入指定的信袋。

2. 针对急件,张洁应迅速整理并拟写好回函,查对寄出邮件的封皮,然后选择特快专递或电传的方式寄发邮件。

3. 张洁首先应先将垃圾邮件删除。针对工作邮件,应先分类;对于其中的询价邮件,应在充分掌握信息的情况下再进行邮件回复,或者将邮件转给市场部,请他们回复。

任务评估

评价方式:学生自评、小组评价及教师评价(评价过程可采用评价表格进行,评分表如表1-11所示)。

评价依据:

1. 应事先准备好所需的模拟信件、文件夹、开封刀、回形针、胶水等实训材料。

2. 情境1、情境3的演示必须是收到邮件后对邮件分类、拆封、登记、分发的全过程;情境2应演示回函的口述、整理、发送的全过程。

3. 演示应符合接收、寄发邮件的过程,还应体现秘书的应变能力及团队的合作能力。

表1-11　邮件处理评分表

任务:邮件处理								
组长:　　　　　　　组员:　　　　　　　　　　　　指导教师:								
准备工作(10分)	操作程序(30分)	处理细节(20分)	职业礼仪(20分)	应变能力(10分)	团队合作(10分)	自我评价(20%)	小组评价(30%)	教师评价(50%)

四、实践训练

案例讨论

1. 上午10点,宏达公司的秘书钟苗收到了一堆邮件(包括一个包裹),钟苗因手头工作忙碌,就把它们放在一边,直到临近中午才腾出时间处理这些邮件。她把邮件按照公务邮件和私人邮件分开,把公务邮件一并装入文件夹中,送进经理办公室。然后,她把私人邮件按部门逐个递送,包裹收件人恰巧不在办公室,钟苗将包裹放在收件人办公桌上,跟同室的人打了个招呼,就走了。

请问钟苗的邮件处理有什么问题?

2. 钟苗是天地公司总经理的秘书,一清早进入办公楼,就到公司租用的信箱中把邮件取了出来,用专用信袋装好,提着走进了自己的办公室。略微整理了一下,就坐在自己的办公桌前开始工作了。

钟苗数了下信件的数量,一共21件。她先把公函和私人信函分开,把有密级要求的、标有"某某亲启"的信件分开。然后她根据收件部门的名称分类:有5封信是人事科的;7封信是销售科的;1封是财务科的;1封写着教育科的,但公司没有这个部门,她把这封信归到培训部去了;1封信上写总经理亲启;另2封是总经理办公室的;剩下的4封是报纸杂志。

钟苗拿出邮件登记簿,边登记边分检。所有的来函和邮件都登记在册了,也按部门分检归类了。接着钟苗把总经理亲启的那封信放在总经理的办公桌上;把其他信放在各个部门的专用信格里;留下了2份报纸、2封总经理办公室的信。

　　在拆信前,她先把信拿到光亮地方照了下,一封信的信纸折得几乎与信封一样大小,钟苗只好把信在桌上磕了十几下,尽可能使信纸沉落下去,然后取出剪刀,小心翼翼地剪开了信口。把信封内的信纸一一展开,盖上日戳,再用回形针把信纸和信封一一别住。一封信写明有三份附件,但钟苗仔细检查,只找到两份附件。她用红笔在信纸上写下:"缺少一份附件",然后签上了自己的姓名。她想,这封信让总经理来处理吧。

　　另一封是对本公司提出业务方面意见的客户来信。按照惯例,钟苗决定立即复信。她写道:

郭思源先生:

　　非常感谢您对我公司的关心。您所提到的服务质量和态度问题,我们正在研究改进,希望在不久之后,您看到的将是新的面貌。希望我们继续合作。再次向您致谢。

　　敬请安好。

天地公司敬上
2013 年 5 月 6 日

　　拟写复信稿后,本已坐到电脑前的钟苗想了一下,还是拿出了钢笔,手写誊抄了一遍,并写好了信封,填好了发函登记。

　　讨论问题:

　　(1) 钟苗的收件程序是否正确?每一个细节是否都符合秘书的要求?

　　(2)"缺少一份附件"的那封信为什么要由总经理自己处理?这封信有可能是什么内容的信?

　　(3) 钟苗最后为什么不用电脑打信,而要手写发出?

　　3. 王琳是某外资公司秘书。一次,她不小心误拆了法国总经理的私人信件,而且信里写的是总经理极其不愿他人知晓的隐私。这可如何是好呢?

　　王琳当时想,事情既然已经发生了,就要勇于面对,不可藏匿不交,更不可私自拆毁。误拆信件只是工作事故,而藏匿或拆毁则是道德甚至是法律问题了。当务之急是先解决问题,然后再分析原因。于是她紧急采取了如下步骤:

　　发现误拆,当即停止阅读,并保证不把已看到的内容告诉任何人。然后把信纸按原样折叠好,放回信封。取一张便利贴,上面写上:Sorry, opened by mistake,并签上自己的姓名,再将这张便利贴粘在信封上。在每天规定的拆分邮件的时间里,把这封被错误开拆的信放在其他的邮件中间,一并送入总经理室。如办公室无人,当面向总经理道歉;若办公室有其他人在,则过后道歉。

通过这一方式,王琳虽然受到了总经理的严厉批评,但最后也得到了总经理的谅解。事后,王琳及时总结经验教训。她承认,发生误拆信笺的事情,主观上是自己工作不认真、太大意所致,今后要增强工作的责任心,以避免类似事情的发生;客观上,是来信人没有按照一定的规范表明私人信件,这需要进一步学习识别哪些是没有表明性质的私人信件。王琳得出如下经验:一是留意那些人经常给总经理写私信,那么这些人的来信即便没有标明信件的性质,也不会贸然误拆。二是学会辨别公务信件和私人信件的差别。一般,公务信件是打印的,而私人信件是手写的;公务信件的信封是白色的,私人信件的信封是多种颜色的;公务信封往往印有单位的名称和地址,而私人信封往往是公开出售的。三是当拿不准是公务信件还是私人信件的时候,请领导来定夺。

讨论问题:

(1) 王琳的做法是否值得我们借鉴呢?为什么?

(2) 请总结一下秘书该如何细致高效地处理邮件?

拓展训练

利用课余时间分组到系部办公室进行日常邮件处理的实习工作。

任务5 印信管理

一、任务描述

1. 印信管理即印章及介绍信管理,这是秘书做好办公室工作的一项重要任务,一般该任务的工作内容包括:使用和保管印章、使用和保管介绍信。

2. 做好印信管理。首先,要掌握印章的使用程序、盖章规范及保管要求;其次,要掌握介绍信的填写规范、开具程序及管理要求。

二、知识要点

印章和介绍信是企业对外联系的标志和行使职权的凭证管理,严格按规定使用印章和介绍信是秘书部门和秘书人员的重要职责。

1. 印章的管理与使用要求

印章的管理应该做到:第一,专人负责;第二,确保安全,印章应放在专门的保险柜内,随用、随取、随锁;第三,防止污损。

2．印章的使用

使用程序：

```
申请用印 ➡ 领导签批 ➡ 柜中取印 ➡ 正确用印
                                        ⬇
          用印登记 ⬅ 妥善管理 ⬅
```

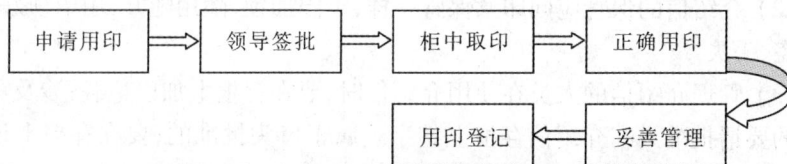

有关申请用印：盖用单位公章，申请用印人应填写"用印申请表"，如表1-12所示，并须经本单位的主要负责人签名批准后方可用印。

表1-12　用印申请表

文件标题			
发往机关		份数	
用印日期		用印申请人	
批准人		备注	

有关正确用印：正式公文只在文本落款处盖章。带存根的公函或介绍信、证明信要分别盖骑缝章和文末落款章。用印时，应当使实际盖印的文件数量和"用印申请表"上的份数完全一致。盖出的各种印章，必须保证位置恰当、文字端正、图形清晰。

盖章要领：把握标准、印泥适度、用力均匀、落印平稳，上不压正文，下要骑年盖月。

有关用印登记：每次用印都要进行登记，登记项目包括用印日期、文件标题、发往机关、份数、用印人、批准人等项，如表1-13所示。

表1-13　用印登记表

顺序号	用印日期	文件标题	发往机关	份数	用印人	批准人	备注

3．介绍信的管理

介绍信是用来介绍被派遣人员的姓名、年龄、身份、接洽事项等情况的一种专用书信，具有介绍和证明双重作用。

介绍信管理应严格而细致,并注意以下问题:

(1) 介绍信的管理有明确规定,要指定专人负责管理。

(2) 介绍信的保管应同印章保管一样,牢固加锁,随用随开,用毕锁好,以防被盗、丢失。

(3) 管理介绍信的人员在使用介绍信时,要在存根上加以记载;涉及重要事项的要请批准人在介绍信存根上签字。属于口头批准的,要在存根上记下批准人姓名,有批条的要将批条粘贴在存根上。介绍信要按编号顺序使用。

(4) 对于开出后未用的介绍信,管理人员应及时催回,粘贴在存根上。

(5) 介绍信持有者如将介绍信丢失,应及时报告单位或部门负责人,并告知介绍信管理人员;涉及重要事项的还应通知前往办事的单位,以防冒名顶替。

4. 介绍信的使用

使用程序:

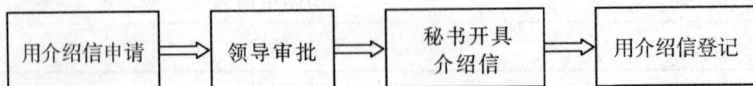

有关用介绍信申请和领导审批:用介绍信人必须提出申请,要经主管领导批准,以防个人滥用介绍信并使企业领导掌握情况。

有关介绍信开具:

首先,介绍信的格式主要有两种:不带存根的介绍信和带存根的介绍信。

不带存根的介绍信格式:

介 绍 信

×政介字××号

×××:

　　兹介绍×××,×××等××名同志(系×××),前往贵处联系××××××××××××事宜,敬请接洽并予以协助。

　　此致

敬礼

×× 单位(公章)

××××年×月×日

(有效期××天)

带存根的介绍信格式:

介绍信(存根)

字第××号

兹介绍××同志×人前往×××联系×××××××××××××。

×××年×月×日

·················第···············号··················

介绍信

字第××号

×××:

兹介绍××等同志×人,前往你处联系×××××××××××,请予接洽并给予协助。

此致

敬礼

×× 单位(公章)

(有效期××天) ×××年×月×日

其次,开具介绍信的注意事项:填写内容要明确具体;要填写有效时间;要填写持信人的真实姓名和身份;介绍信的存根内容要与正文内容一致;一份介绍信只能用于一个单位;书写工整,不能随意涂改;填写介绍信要用毛笔或钢笔。

三、任务实施

任务布置

情境1

天地公司的秘书张洁负责公司印章的使用和保管。这一天,销售部的小王来找张洁在一份文件上盖上公司的印章。

请按照实际情况演练使用和保管印章。

情境2

天地公司的秘书张洁负责公司介绍信的使用和保管。这一天,销售部的小王来找张洁开一张介绍信。

请按照实际情况演练使用和保管介绍信。

任务指导

1. 张洁首先要查看小王是否有用印申请表,并检查领导签字;然后再取印用印,要注意正确用法;用完后妥善保管印章,最后正确填写用印登记表。

2. 张洁首先应弄清小王是否向领导请示过用信;然后拿出介绍信,根据小王的情况进行认真填写;填写的时候应注意字迹工整,不随意涂改,存根内容和正文内容一致;接着应盖上文末落款章和骑缝章;最后进行用信登记。

任务评估

评价方式:学生自评、小组评价、教师评价(评价过程可采用评分表格进行,评分表如表1-14所示)。

评价依据:

1. 根据情境设计情节和台词,分角色扮演,在模拟公司办公室里完成开具介绍信和用印程序。

2. 公章的使用程序正确,盖章规范;介绍信内容填写正确,开具程序规范。

3. 情境演示时体现秘书的职业礼仪,还应体现秘书的应变能力及团队合作的能力。

表1-14　印信管理评分表

任务:印信管理								
组长:			组员:			指导教师:		
印信使用(20分)	印信管理(20分)	操作程序(20分)	职业礼仪(20分)	应变能力(10分)	团队合作(10分)	自我评价(20%)	小组评价(30%)	教师评价(50%)

四、实践训练

案例讨论

1. 办公室秘书小李正在准备明天会议的所需材料,销售部的王琳来到办公室开具介绍信。小李因腾不开手,于是随手把印章和介绍信交给王琳让她自己填写盖章。

请问小李的做法是否正确?

2. 宏达公司的李经理要到广州参加一个贸易洽谈会,考虑到要与多家公司洽谈业务,需要带几张空白介绍信,可否?

3. 天地公司印章管理人员小马为工作方便,带印章一起出差到外地,这种做法正确吗?

4. 讨论下面脚本中秘书钟苗在使用印章及介绍信时正确和错误的地方。

秘书钟苗着职业装坐在办公桌前整理文件,电话铃响,钟苗及时拿起听筒:"你好! 伟南公司。"听筒中传来同事周伟的声音:"钟苗,我一会儿要去天地公司联系业务,你给我开张介绍信。""好的。"钟苗答道,"别忘了填张用印申请单。"周伟:"好的。"周伟推门进来,把用印申请单递给钟苗。

周伟:"这是用印申请单。"

钟苗接过来看了看,说:"哟,你们部李经理没有签字,我不能给你盖章。"周伟有些着急,"我已经跟李经理说过了,他同意了。""别急,我问一下。"钟苗说着拨通了李经理的电话。

钟苗:"李经理,周伟去天地公司联系业务需要开介绍信,您没有在用印申请表上签字,您看怎么办?"李经理:"噢,这事我知道。我正在开会,你先给他开介绍信,一会儿我补一下签字。"钟苗:"好的。"

钟苗随手从桌子上的文件夹中取出介绍信,填好相关内容,然后从抽屉里拿出印章。(特写:章的位置正确,骑年盖月,但章盖倒了)

钟苗将介绍信撕下递给周伟:"给。""谢谢!"周伟接过来看了看,"钟苗,能不能给我开几张空白介绍信,每次都要找经理签字,太麻烦了!"

钟苗一边在文件夹中找"用印登记本",一边回答:"这恐怕不行,你用的时候再来开就是了。""那好吧。"周伟无奈地说,"我走了啊! 再见!"钟苗:"再见。"

钟苗翻开"用印登记本",根据"用印申请表"在上面进行登记。

拓展训练

利用课余时间分组到系部办公室观摩学习印信管理人员的规范操作与程序。

任务6　日程安排与管理

一、任务描述

1. 日程安排与管理属于办公室日常工作中的时间管理,一般该任务的工作内容包括:为上司编制年、季度、月、周预定日程表;编制上司和秘书个人工作日志;管理上司和秘书个人工作日志。

2. 做好日程安排。首先,要了解编制日程安排表的基本程序;其次,掌握制订年度、季度、月、周预定日程表的方法;最后,应熟练掌握制作和管理工作日志的一般方法。

二、知识要点

1. 编制日程安排表的基本程序

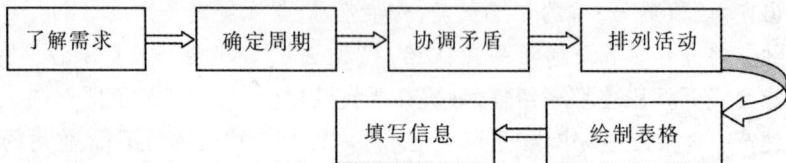

日程安排是一定时间内上司工作的一个大概安排。秘书在为上司制订日程表时要以提高效率为原则,在时间上留有余地,要注意内外兼顾,还要注意为上司的活动安排保密。

编制日程安排表的基本程序:

了解需求 → 确定周期 → 协调矛盾 → 排列活动 → 绘制表格 → 填写信息

2. 各种日程安排表的制订方法

(1)年度预定日程表:一般是在前一年年底前制订,只要把年度内一些固定的重大活动,如董事会、股东大会、年终总结大会记在表内即可。

(2)季度预定日程表:一般在上个季度快结束时完成,注明上司出差、开会等重大事项。

(3)月度预定日程表:一般当月的日程表在上个月的月底之前完成,注明活动的具体日期、活动名称、活动地点、承办部门及参加领导。

(4)一周工作日程表:一般在上周的周五完成,应将上司一周内的主要活动记在表内,包括具体日期、活动名称、活动地点、承办部门及参加领导。

（5）当天工作日程表：即工作日志。

表格时间跨度越小，填写的信息就应该越细致、明晰、准确。

示例如表 1-15 ~ 表 1-18 所示。

表 1-15 ××公司年度预定日程表

时 间	活 动 名 称
1 月	3 日召开职工代表大会 12 日董事会
2 月	参加广交会
3 月	召开股东大会 董事长去香港考察
……	
12 月	召开年终总结大会

表 1-16 ××公司第二季度活动预定日程表

月份 周次	4 月	5 月	6 月
第 1 周	周一上午开公司 销售工作会议	总经理前往日本与×× 公司进行商务会谈	下半年销售工作部署
第 2 周	周五对全公司员 工进行礼仪培训	周二上午召开 董事会会议	各部门进行工作评估
第 3 周	……	……	……
第 4 周	……	……	……

表 1-17 ××公司 5 月活动预定日程表

时间	活动名称	活动地点	承办部门	参加领导
4 日	五四青年节 纪念活动	多功能厅	工会	张副总经理、 各部门负责人
9 日	安全知识讲座	礼堂	保卫部	王副总经理
11—13 日	……	……	……	……
26 日	工作会议	二号会议室	办公室	李副总经理

表 1-18 ××公司 6 月第一周活动预定日程表

时间	活动名称	活动地点	承办部门	参加领导
6 月 1 日	各部门工作汇报会	公司一号会议室	办公室	总经理、副总 经理、各部门 负责人
6 月 3 日	安全知识讲座	礼堂	保卫部	王副总经理

续表

时间	活动名称	活动地点	承办部门	参加领导
6月5—6日	全国中小企业技术改造论坛	××饭店	宣传部	张总经理、李副总经理
6月6日	张总经理会见××公司客人	二号会议室	办公室	张总经理、李副总经理

3. 制作工作日志的程序

工作日志就是当天工作日程表,是以一天为计划单元周期对一天的活动所作出的合理安排,并予以实施的一种辅助工具。秘书通常需要同时填写两本日志:一本是上司的,另一本是自己的。

上司工作日志制作程序:

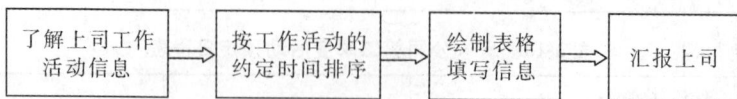

了解上司工作活动信息 → 按工作活动的约定时间排序 → 绘制表格填写信息 → 汇报上司

秘书个人工作日志制作程序:

对应上司工作任务进行排序 → 添加秘书辅助及个人工作 → 按轻重缓急进行排序 → 绘制表格填写信息

4. 上司工作日志与秘书工作日志的填写内容及方法

(1) 填写内容

上司工作日志的内容:上司在单位内部参加的会议、活动(要记录清楚时间、地点、内容);内部接待的来访者(要记录清楚姓名、单位详情、约会时间);单位外部参加会议、活动、约会(要记录清楚时间、地点、细节、联络方式);个人的安排(看病);私人信息(亲属生日)。

秘书个人工作日志的内容:包含上司日志内容;上司各项工作活动的准备事宜;上司交办的工作;自己职责中应做的工作(撰写总结、值班)。

(2) 填写方法

① 提前了解,当日一早再次确定补充。

② 在自己日志上标明当日应完成的任务。

③ 输入信息,先用铅笔,确认后用水笔正式标明,还可使用不同色彩。

④ 信息完整(时间、地点、姓名、联络)。

⑤ 当日出现情况变化,立即更新日志,并告知上司出现的变化。

⑥ 上司日志变化的同时,更改自己的日志,做好变更的善后工作。

⑦ 自己的日志要标明上司活动的准备工作,并逐项落实。

⑧ 协助和提醒上司执行日志计划。

上司工作日志和秘书工作日志示例分别如表 1-19 和表 1-20 所示。

表 1-19 上司工作日志

2013 年 9 月 3 日 星期二			
时间	工作内容	地 点	备注
9:00	部门经理会议	公司一号会议室	
10:00	招聘面试销售部经理	公司二号会议室	
12:00	与天地公司李总在东华酒店午餐聚会	东华酒店二号包间	王副总因出差无法参加
15:00	接待宏达公司代表团	公司大会客室	

表 1-20 秘书工作日志

2013 年 9 月 3 日 星期二			
时间	工作内容	地 点	备注
8:30	部门经理会议准备工作	公司一号会议室	为张经理准备好会议所需文件
9:00	进行办公用品发放	办公室	
9:40	招聘面试会议室准备	公司二号会议室	
11:30	提醒上司与天地公司李总午餐聚会		
14:40	提醒上司接待宏达公司代表团	公司大会客室	
16:00	个人工作总结	办公室	

（3）ABCD 法则

现代时间管理理论的核心内容是根据事情的重要和紧急程度,将各种事务划分为 A,B,C,D 四个类别,即 ABCD 法则。A 类为重要而紧急的事情,比如危机、紧急状况、有限期的任务,必须立即做;B 类为重要而不紧急的事情,比如学习新技能、建立新关系,应接着处理;C 类为紧急而不重要的事情,比如某些不速之客的会见、有些信件及电话的回复,有时间才做;D 类为不重要不紧急的事情,如琐碎的事情、无聊的谈话,可以不做。

（4）工作日志的变更处理

当原定结束时间延长超时，追加紧急的或新添的项目，项目的时间调整、变更，项目终止或取消时，工作日志就应进行调整。

针对变更，秘书应注意：安排活动之间要留 10 分钟左右的时间间隙；项目调整，应遵循先急重后轻缓的原则；变更后，做好通知、说明缘由，防止误解；检查变更后的日志，不要漏记和不做修改。

三、任务实施

🌸 任务布置

🦋 情境 1

星期一上午 10：30 在办公室举行会议，所有经理都参加；陈经理与王明先生商谈下一次的推销工作会议的日程安排，但不能占用上午 9：00—10：00 的时间，因为陈经理想在这段时间里处理他的信件；陈经理和夫人晚上 7：30 到康特公寓出席晚上 8：00 的俱乐部聚餐会。秘书钟苗个人的工作有：安排时间去银行取现金、等待维修部的小张来办公室维修电脑、个人工作小结的撰写，晚上 7：00 参加社交俱乐部举行的一个会议。

请根据上述提示，编制天地公司陈经理及秘书钟苗的工作日志。

🦋 情境 2

天地公司销售部经理第三季度会议较多，7 月的前两周要在上海开会；8 月的第二周要去香港参加为期 5 天的会议；每月的最后一个星期五上午是销售部固定的部门会议；8 月的最后一个星期三要参加公司的办公会议；7 月的第三周星期二要在公司开销售会议，传达上海会议精神；8 月第一周的星期一还要面试 3 个营销员；9 月的前两周希望安排休假。

请你帮助天地公司销售部秘书钟苗，为她的上司制定一份第三季度会议时间表。

🦋 情境 3

李非是一家机械工程公司总经理办公室的行政助理，负责总体安排总经理办公事务，工作繁忙而琐碎。公司有张总经理、主管业务的丁副总和主管财务的胡副总。

11 月下旬的一天下午，李非正在参加公司的战略发展研讨会，会上他想起即将进入 12 月，得赶紧把下月领导层人员的各项活动安排好，并要协助各

位领导参加有关活动。计划表的内容他以前看过,已确定的工作事项有:

12 月 3 日,上午接待《经理人周刊》记者来访,时间约为 2 小时。

12 月 7 日,张总赴澳大利亚考察,时间为 7 天。

12 月 9 日,中国机械建筑网络公司领导一行 5 人来公司参观,时间为 1 天。

12 月 17 日,张总与泰国客商商谈,时间为 1 天。

12 月 20 日,公司主管会议,讨论明年生产经营计划,下午半天。

12 月 24 日,市领导来企业调研,时间为 1 天。

12 月 25 日,公司领导与员工座谈,时间为半天。

12 月 26 日,公司财务年报会议,上午半天。

12 月 28 日,企业家协会年会,请张总出席,时间为 1 天;工业园区管委会明年工作安排会议,上午半天。

12 月 29 日,公司召开表彰大会,下午半天;晚上,企业联欢慰问活动。

请根据以上提示,为李非制订公司 12 月份计划安排表,并编制 12 月最后一周(24—29 号)的周计划安排表。

任务指导

1. 钟苗应先编制上司的工作日志,了解并分析上司的工作信息。根据情境,可将陈经理和王明先生的商谈安排在下午 2:00,然后将工作信息填入表格内,表格中应包含时间、工作内容、地点等项目。然后,钟苗再编制个人工作日志,首先应对上司工作进行排序,在个人日志中添加对上司工作的准备及提醒事宜;然后合理安排个人事宜的时间,排序后再添加至工作日志中。去银行取现金、等待维修部的小张来办公室维修电脑可以放在上午,个人工作小结的撰写可以安排在下午,表格中也应包含时间、工作内容、地点等项目。

2. 钟苗首先应分析第三季度的工作安排,然后绘制表格再填写。标题为"天地公司第三季度会议时间表",表格中项目栏应包含月份和周次,表中应列出季度中的重要会议安排。

3. 李非首先要确定每项活动的地点、承办部门和出席领导以及活动安排的注意点,然后绘制表格再进行填写。月计划安排表的时间栏应以当月的每一天计,项目栏内容应齐全。周计划安排表的时间栏应以一周的每一天计,项目栏内容应齐全。月计划表和周计划表都应有相应的标题。

任务评估

评价方式:学生自评、小组评价、教师评价(评价过程可采用评分表格进行,评分表如表 1-21 所示)。

评价依据:

1. 工作日志:日志中时间间隔设计合理;对领导参加会议、活动时间、地点、内容的记录清楚准确;领导接待来访者姓名、时间、单位记录清楚;秘书协助领导各项活动的准备工作记录清楚。

2. 月工作计划表:按照领导分工安排活动;指定或要求某领导出席的尽量安排;计划表时间栏以当月每一天计;计划表项目栏应包括时间、活动或会议的名称、承办部门、出席领导、备注。

3. 周计划安排表:按照领导分工安排活动;计划表时间栏以一周的每天一计;计划表项目栏应包括时间、活动或会议的名称、承办部门、出席领导、备注。

4. 季度安排表:计划表中列出了季度中的重要活动;计划表项目栏应包括月份、周次。

表 1-21   时间安排评分表

评价事项	评分要素	分值	自我评价 （20%）	小组评价 （30%）	教师评价 （50%）
工作日志	时间间隔设计	30			
	日志内容				
	秘书准备工作				
月工作计划表	出席领导安排	25			
	计划表时间栏设计				
	计划表项目栏设计				
周计划安排表	出席领导安排	25			
	计划表时间栏设计				
	计划表项目栏设计				
季度安排表	计划表项目栏设计	20			
	表中内容				

四、实践训练

案例讨论

1. 天地公司的秘书钟苗周一要完成的工作如下,请你按照 ABCD 法则帮她安排时间:

(1) 给某客户打电话,与对方联系上司下周四与他约会的事宜;

(2) 复印下午部门经理会议的资料;

（3）给人力资源部门写报告,申请今年的休假;

（4）复印一份给客户的复信以备存,原件邮寄对方;

（5）拆封、分类和分发邮件;

（6）布置下午使用的会议室,准备茶水和咖啡;

（7）将财务部新发的办公经费报销规定复印备份,原件放置在传阅夹供部门同事传阅;

（8）为上司预定周末去天津的火车票(北京出发);

（9）接待 3 位访客,接听 2 个电话。

2. 表 1-22 是天地公司的秘书钟苗某天的工作日志。当天中午 11 点左右,突然接到总部紧急通知,让本部门经理和副经理下午 3 点到总部会议室参加工作报告会议。

讨论钟苗应如何调整?

表 1-22 钟苗个人工作日志

时　间	工　作　内　容
9:00	部门会议,4 楼 412 室,带相关文件资料
10:00	
11:00	确认所订的上司与客户的午餐
12:00	午餐前,将 3 位应聘人的资料分关有关人员
13:00	确认面试地点在 315 室,摆桌椅,准备相关资料
14:00—15:00	面试人员,每人用时 30 分钟
16:00	面试小组讨论
17:00	检查准备上司第二天参加会议的资料

拓展训练

利用课余时间分组到系部办公室考察办公室人员是如何编制每周工作安排的。

任务7 值班工作

一、任务描述

1. 值班工作是秘书办公室工作的一项基本任务,一般该任务的工作内容包括：值班表的编写、接听电话、接待来访、做好值班记录、处理突发事件、做好值班报告。

2. 做好值班工作。首先，要了解值班工作的主要职责和相关制度；其次，掌握值班工作的程序；再次，会编制值班安排表、值班记录表、值班报告、来访记录；最后，应熟练掌握值班工作的相关方法与技巧，从容处理好每一件事。

二、知识要点

1. 值班工作的主要职责

（1）及时传达信息

及时处理来自各方信息，包括接听并记录电话、接受并登记文件、答复上级询问等。其中，接听电话应根据电话内容做出相应处理；接受的文件应妥善保存，及时转交至各收件部门或收件人手里，收到的紧急公文应按文书工作要求立即办理。

（2）做好接待来访

无论有约还是无约来访，都应做好应对，并填写接待记录。

（3）承办临时事务

值班人员应做好领导临时交办的事务，如下达各种通知、查问某些资料、预订宾馆和车票、车辆接送等，应及时完成。

（4）处理突发事件

遇到突发事件，应沉着冷静，做到：迅速赶往现场、及时向领导汇报、保护好事故现场、妥善处理善后工作，并以书面值班报告送领导审阅。

2. 值班工作程序

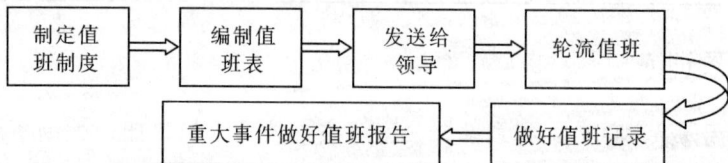

制定值班制度 → 编制值班表 → 发送给领导 → 轮流值班 → 做好值班记录 → 重大事件做好值班报告

3. 值班工作制度

（1）岗位责任制度：坚守岗位，无论发生什么事情都不能擅离职守。

（2）交接班制度：由前一天的值班人员将所接收的信息及处理情况逐一交代给下一班值班人员。对尚未办完的事项要详细说明处理情况，以便保证工作的连续性。

（3）登记记录制度：值班期间处理的每件事，包括电话处理、来人接待、突发事件等,都要予以记录。

4. 编制好值班安排表、值班日志、值班报告

格式分别如表1-23、表1-24、表1-25所示。

表1-23　值班安排表

值班时间	值班人员	值班人员电话	值班领导及电话	备　注
				1. 值班时间为每天上午8点至下午5点。
				2. 值班人员要坚守岗位,做好记录。
				3. 遇到重大事件,应及时上报并妥善处理。

表1-24　值班日志

时间	时　分— 时　分	值班人	
值班记录:			
备注:			

表1-25　值班报告

报告事项			发生时间	
事项涉及单位及人员情况	单位名称	人员姓名		
	职务	电话		
内容摘要				
拟办意见				
领导指示				
处理结果				
报告单位		报告人签名		

三、任务实施

🌸 任务布置

🦋 情境1

天地公司因国庆节放假 7 天,总经理要求秘书钟苗制作国庆节值班表。办公室包括钟苗在内现有 8 名工作人员,其中一名为孕妇,一名为腿部骨折的病人。公司要求办公室每天必须有一个人值班,负责处理临时公务。

请根据需要编制一份值班安排表。

🦋 情境2

假如你是天地公司的值班秘书钟苗,今天在值班时,一个电话打入,一名访客到来,三封信件送到(一封紧急、一封普通文件、一封宣传信件),一名私人访客到来。

请完成情境演示,并填写好值班日志。

🦋 情境3

假如你是天地公司的值班秘书钟苗,星期天刚好轮到值班。上午 11 点左右,你接到电话,说公司的一辆货车在××公路上发生车祸,具体情况不明。

请完成情境演示,并填好值班报告。

🌸 任务指导

1. 钟苗首先应确定值班人员,办公室其他 5 名工作人员一人值班一天,孕妇半天,钟苗值一天半,骨折病人不值班;然后再填写值班安排表,应包括值班时间、值班人员及电话、值班领导及电话,以及值班时的注意点。

2. 钟苗在值班时,应灵活处理出现的情况,电话打入应随时接听、及时处理;访客到来应热情接待;信件送到应及时处理。紧急信函应通知相关人员来取,宣传信件应上架,普通文件应阅办;私人访客到来应不影响正常工作。填写值班日志应择其要点记录上述情况的时间、处理方式及结果。

3. 这是值班工作中的重大事件处理。钟苗首先应问清情况,然后及时上报领导,在领导授权的情况下进行处理;最后应填写值班报告,值班报告中应包含发生事项的时间、涉及的部门及人员、拟办意见、领导指示、处理结果等。

任务评估

评价方式:学生自评、小组评价、教师评价(评价过程可采用评分表格进行,评分表如表1-26所示)。

评价依据:

1. 情景演示:值班过程符合要求;职业礼仪形象良好;应变能力强;体现团队协作精神。

2. 值班表编写:值班表中的项目包含时间、地点、电话、领导电话等;合理照顾有关人员;应包括值班时的具体要求;表格设计美观。

3. 值班日志填写:对于值班过程处理的每一件事均有记录;记录简洁明了;表格设计美观。

4. 值班报告填写:填写要素齐全、简洁,表格设计美观。

表1-26 值班工作评分表

评价事项	评分要素	分值	自我评价(20%)	小组评价(30%)	教师评价(50%)
情境演示	值班过程	30			
	职业礼仪				
	应变能力				
	团队协作				
值班表编写	表中项目	25			
	人员安排				
	值班具体要求				
	表格设计				
值班日志填写	记录内容	25			
	记录方法				
	表格设计				
值班报告填写	填写要素	20			
	填写方法				
	表格设计				

四、实践训练

案例讨论

1. 天地公司总裁办秘书小马值班时接到辖区电管所电话,告知2日线路检修停电一天,但是小马记录成了5日开始,停电两天。公司立即启动预案,为5日开始的停电作准备,结果2日就停电了,造成公司直接经济损失10万余元。

请问小马在值班时有何失职之处?

2. 天地公司韦秘书已经在秘书岗位工作五个年头,工作能力特别强。一次,韦秘书陪公司张副总经理值班,平常值班,公司没有发生过任何事情,大家已经把值班当成了聊天的事情。张副总经理提议去外面吃饭后再回来值班,韦秘书陪同张副总经理离开公司,保安见到值班人员都走了,也去了女朋友家。等到韦秘书陪同张副总经理回到公司,发现停在公司院内的两辆越野车不知去向。

请问韦秘书的值班工作做得有何不妥?

3. 这天,天地公司的行政部秘书小李值班,凌晨2点刚过,小李闻到一股烧焦的味道,他立刻顺着味道进行查询,发现是文印室起火。小李立刻拨打了119,接着拨打行政部门经理电话报告情况,然后找到灭火器,防止火势向值班室方向蔓延。5分钟后,消防车赶到,迅速将火扑灭。事后经过调查,起火原因是电线短路引燃了文印室文件。但因小李发现得及时,公司损失很小,公司在大会上表扬了小李。

请问小李处理突发事件的做法给你怎样的启示?

拓展训练

利用课余时间分组到系部办公室协助值班人员做好值班工作。

任务8 办公用品的购置与管理

一、任务描述

1. 企业在运营中需要大量的办公用品、消耗品,一般由秘书负责日常办公用品的采购与管理。一般该任务的工作内容包括:办公用品的采购、办公用品的库存保管、办公用品的发放。

2. 做好办公用品的购置与管理。首先,秘书要了解办公用品的种类;其次,秘书应熟知办公用品的采购程序;再次,应熟悉办公用品管理的程序和方法;最后,应熟悉办公用品管理基础文件的格式和要求。

二、知识要点

1. 办公用品的种类

纸簿类消耗品:A4 和 B5 等办公复印纸、信纸、信封、笔记本、复写纸、传真纸、便笺纸、牛皮纸等,如图 1-4 所示。

笔记本　　　　信封　　　　传真纸

便笺纸　　　　复写纸　　　　牛皮纸

图 1-4　纸簿类消耗品

笔尺类消耗品:铅笔、圆珠笔、签字笔、橡皮擦、修正带、修正液等,如图 1-5 所示。

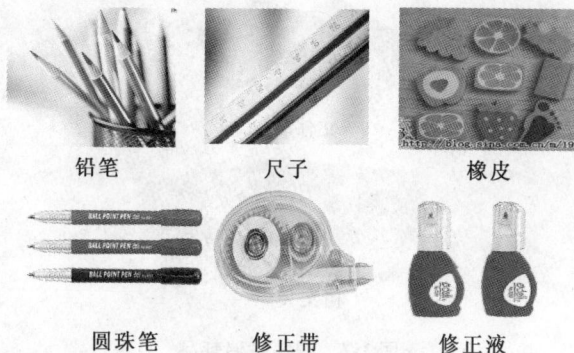

铅笔　　　　尺子　　　　橡皮

圆珠笔　　　　修正带　　　　修正液

图 1-5　笔尺类类消耗品

　　装订类消耗品：大头针、回形针、剪刀、美工刀、订书机、打孔机等，如图1-6所示。

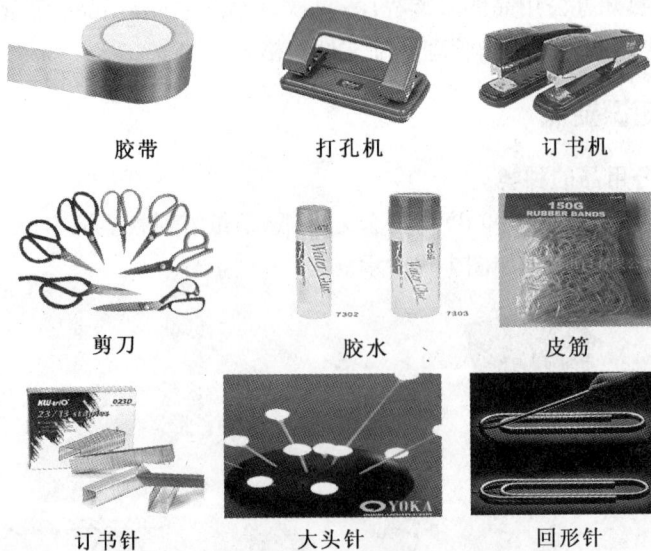

<table>
<tr><td>胶带</td><td>打孔机</td><td>订书机</td></tr>
<tr><td>剪刀</td><td>胶水</td><td>皮筋</td></tr>
<tr><td>订书针</td><td>大头针</td><td>回形针</td></tr>
</table>

图1-6　装订类消耗品

　　归档用品耗材：文件夹、文件袋、档案袋等，如图1-7所示。

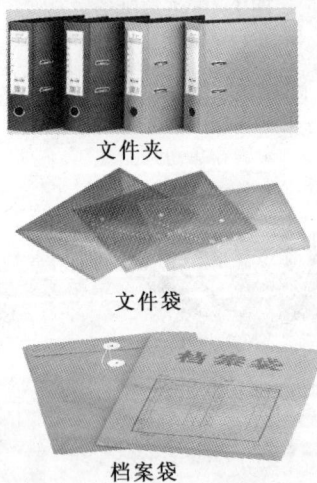

文件夹

文件袋

档案袋

图1-7　归档类消耗品

办公设备耗材:打印机墨盒、色带、计算机磁盘、空白光盘等,如图 1-8 所示。

光盘   U 盘

色带   打印机墨盒

图 1-8 办公设备耗材

2. 办公用品的采购

办公用品每月只进行一次采购,具体采购程序如下:

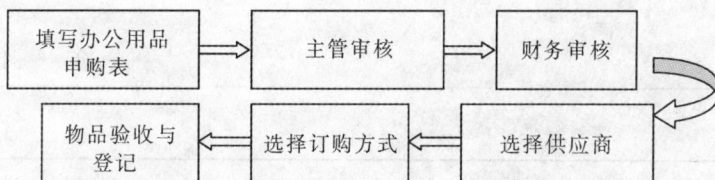

临时性急需用品,填写办公用品申购表报领导审批。办公用品申购表的绘制格式如表 1-27 所示。

表1-27 天地公司办公用品申购表

申请部门：　　　　　　　　　　　　　　　申请时间：　　年　　月　　日

序号	用品名称	规格型号	单位	数量	用途及说明
1	办公桌椅		套	8	
2	会议桌	4500 mm × 1600 mm	张	1	
3	会议座椅		把	18	
4	传真机		部	1	
5	复印机		台	1	

申请理由：

□综合部采购　□自行采购　部门负责人：　　　　　　　　年　　月　　日

财务部门意见：

负责人：　　　　　　　　　　　　　　　　　　　年　　月　　日

主管部门意见：

负责人：　　　　　　　　　　　　　　　　　　　年　　月　　日

备注：

　　关于选择供应商：要在价格和费用、质量和交货、服务和位置以及安全和可靠性等几方面对其进行比较。

　　关于选择订购方式：目前可以选择电话、传真、网络等方式订购，但不论采用哪种订购方式，秘书一定要保留一张购货订单。收到货物时，将实物与订单一一核对，以防出错。

　　订货单格式如表1-28所示。

表 1-28 订货单

订单号							
供货单位: 联系人: 电话: 地址:				购货单位: 联系人: 电话: 地址:			
序号	品名	规格型号	单位	数量	单价	总价	备注
合计	人民币(小写)			人民币(大写)			
付款方式	□货到付款 □网上支付 □邮政汇款			提货方式		□自提	
	□银行汇款(□工行 □农行 □建行)					□送货上门	
经办人: 审批签字: 审批日期:				购物单位公章: 年 月 日		供货方确认: 回复时间:	

关于物品验收和登记:秘书根据订货单验收已购物品,接着办理物品入库登记。入库清单如表 1-29 所示。

表 1-29 办公用品入库清单

入库时间:

项目 物品	数量	规格型号	单价	金额
装订机				
纸张				
……				
……				
总计				

3. 办公用品的库存保管

保管注意事项：

（1）储藏间或物品柜要上锁,保证安全;

（2）新物品置于旧物品下面或后面,领用时遵守先进先出的原则;

（3）各类物品要清楚地贴上标签,标明类别;

（4）体积大、分量重的放置在最下面,减少从架上取物时发生事故的危险;

（5）小物品和常用的物品应放在较大物品前,方便领用;

（6）储藏间要通风良好,保持干燥;

（7）照明良好,便于查找。

4. 办公用品的发放

办公用品的发放程序:

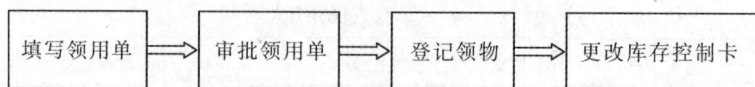

| 填写领用单 | → | 审批领用单 | → | 登记领物 | → | 更改库存控制卡 |

办公用品发放管理要求:建立领用制度,严格审批手续;进行勤俭节约教育;定期核查,杜绝流失。

办公用品领用申请单如表1-30所示。

表1-30 办公用品领用申请表

申领部门		领用人	
物品名称	物品数量	物品名称	物品数量
部门意见		主管领导意见	
库房审核		发放人	

库存控制卡如表1-31所示。

表 1-31　××公司库存控制卡

库存参考号： 项目： 单位：				最大库存量： 最小库存量： 再订货量：			
日期	接收			发放			
	数量	发票号	供应商	数量	领用部门	领用人	余量

库存控制卡的相关内容说明：

（1）库存参考号：给每一库存项编号，经常与存放位置相联系，如 C4，表示柜子编号为 C，架板编号为 4。

（2）项目：库存的具体东西，包括大小、颜色、数量。

（3）单位：货物订购、发放的单位，如包、盒。

（4）最大库存量：物品储存的最大数量，应考虑费用、储存空间和保存期限。

（5）最小库存量：当库存达到这个水平，必须采取紧急行动订货，确保很快交货。

（6）再订货量：当库存余量达到这个水平，必须订购新货物。

$$再订货量 = 日用量 × 运送时间 + 最小库存量$$

例如，每天要用去半包 A4 复印纸，运送时间为 2 天，最小库存量为 10 包，再订货量就是 0.5 包 ×2 + 10 包 = 11 包。

三、任务实施

❋ 任务布置

🦋 情境 1

华宇星业有限公司因办公用品库存不足，急需向博雅办公用品公司购置。王琳是华宇星业有限公司的行政办公室助理，她列出了需要购置的物品清单（详见表 1-32），那么她将如何购买办公易耗品呢？请为王琳此次采购列出详细的采购流程。

表 1-32　需购置的办公用品清单

品名	规格型号	单位	数量
HP 惠普 51629A 喷墨打印机墨盒	51629A	个	5
金铁立 241(80 列)‒3 打印纸	A4	包	20
益而高胶带座	898M	个	30
中华铅笔	2B	支	48
SW688(1＋3)2 色中性笔	均号	支	100
渡边无线装订笔记本	G5508 A5 148 mm×210 mm	本	50
英雄特细包头钢笔	262	支	23
统一订书钉	8102	盒	5
益而高 9117HL 文件夹	9117HL A4(8 寸单长押文件夹)	个	45
齐心 A1180 PP 档案盒	A1180 A4	个	67

同时完成以下三个工作任务:

(1) 写作办公物品购置申请;

(2) 撰写订货单;

(3) 制作库存清单。

情境 2

朱莹是镇江金山礼品公司的秘书,在 2013 年 6 月 9 日负责了一批办公用品的接收工作,从得力文化用品公司进了 100 包 A3 白文件纸,所开发票号码为苏地(201212 号)。在同一天,她又负责了办公用品的发放工作,财务部张黎明领取了 10 包 A3 白文件纸。

请完成以下两个工作任务:

(1) 填写库存控制卡。根据上述实际情况,填写相关内容,做到项目齐全,促使办公用品管理更加规范化和科学化。

(2) 根据上面情境,演示办公用品发放的过程,并更新库存控制卡。

任务指导

1. 办公用品的采购流程参照知识要点。王琳要完成的其他工作任务应注意:购置申请应包含用品名称、规格型号、数量、单价及总价、用途,并写明购置理由,再请部门领导及财务部门审核。订货单中应包含买卖双方的基本信息、货物的基本信息、付款方式、买方的要求、经办人签名、买方单位的审核及盖章。库存清单应包含物品的规格、数量、单价及金额。

2. 朱莹在接收办公用品后应填写好库存控制卡,注意要素齐全(具体参照知识要点)。发放办公用品时,首先要查看张黎明是否填写了办公用品领用申请表,并有相关领导签字;然后登记领物;最后要更新库存控制卡(具体可参照知识要点)。

❋ 任务评估

评价方式:学生自评、小组评价及教师评价(评价过程可采用评价表格进行,评分表如表 1-33 所示)。

评价依据:

1. 办公用品管理基础文件的拟写:标题正确、项目齐全、内容规范。

2. 办公用品的发放情景演示:工作程序规范、情境设计合理、沟通能力强、团队合作良好。

表 1-33　办公用品管理评分表

评价事项	评分要素	分值	自我评价 (20%)	小组评价 (30%)	教师评价 (50%)
办公用品管理 基础文件的拟写	文件标题	70			
	文件项目				
	文件内容				
办公用品的发放	工作程序	30			
	情境设计				
	沟通能力				
	团队合作				

四、实践训练

☞案例讨论

宏达公司近年来不断发展,2013 年 3 月,公司刚在镇江开设分公司,租用了花园大厦 12 层整层,装修完毕,拟于五一以后正式运营。4 月 16 日这天,公司的行政部秘书初萌接到了行政经理王明给她发的备忘录。

备 忘 录

发往:秘书　初　萌

发自:经理　王　明

时间:4 月 16 日

内容:公司镇江分部办公区装修完毕,即将正式运营,现需要购买办公室所需的办公用品。请你列出所需的办公用品,并根据公司需要,查找、对比各办公用品供应商的信息,完成后电邮给我。

请问初萌应该如何回复王明?

拓展训练

利用课余时间到你所在系的办公室,调研一下其对日常办公用品的管理情况,分析优劣,并提出建议性意见。

项目二

会议组织管理

项目简介

　　本项目涉及会议组织管理事务,包括会前的拟订会议筹备方案、选择和布置会场、制发会议通知、会议文件资料及用品的准备、会前检查;会中的会议接站、签到与引导、做好会议记录、编写会议简报、会议突发事件的处理;会后的清理会场、安排与会人员返程、整理会议文件资料、撰写会议纪要、结算会议经费、做好会议总结。旨在帮助学习者掌握会议组织管理的方法和必要技能。

任务1　拟订会议筹备方案

一、任务描述

　　1. 会议筹备方案是会议的预演。通过想象和策划,将计划全过程形成文字,以便安排布置会议事宜。该任务要求最终能拟写出内容齐备、结构完整、考量周全、可操作性强的会议筹备方案(含议程表、日程表、经费预算等内容)。

　　2. 拟订会议筹备方案。首先,要掌握会议筹备方案中的要素:确定会议名称,明确会议规模、会议议题、会议议程及日程的安排、经费预算、会议组织与分工等;其次,必须掌握会议筹备方案的格式及写法。

二、知识要点

1. 会议筹备方案的概念

会议筹备方案属计划类公务文书,是在会议召开之前对构成会议的各个要素作出系统周密的书面安排的会议文书。会议筹备方案一般是为大中型或重要的会议所做的预设方案;单位内部召开的小规模的例会,可以通过简易会议计划或会议通知来预先安排好会议事务,一般不需要起草专门的会议筹备方案。

会议的筹备工作做得是否充分到位,直接关系到会议的成功与否。会务工作人员必须以高度的责任心,做好会议的筹备工作。

2. 会议筹备方案中的要素

(1) 确定会议名称

会议名称一般由"单位 + 内容 + 类型"构成,应根据会议的议题或主题来确定。例如,宏远公司经贸洽谈会。

(2) 确定会议议题

议题是会议主题的细化,体现了会议的目的和任务。

(3) 确定会议议程

会议议程是为完成议题而作出的顺序计划,即会议所要讨论、解决的问题的大致安排,并冠以序号将其清楚地表达出来。

确定会议议程的应考虑:按照议案的轻重缓急编排顺序;将最重要的排在开头;每一个议案要预估所需时间并标出;相关的议案放在一起;敏感话题排在最后。

示例如下:

宏远公司 2013 年第二次总经理办公会议议程表

宏远公司 2013 年第二次总经理办公会议定于 2013 年 2 月 4 日星期一上午 9:00 在公司总部的三号会议室举行。

1. 如何开展公司 2013 年第一次春季商品的促销活动。
2. 春节慰问老职工的费用额度问题。
3. 3 月份组织青年员工参加野外拓展训练活动的费用和实施问题。
4. 生产部主管人员调整问题。
5. 研究总经理助理的人选问题。

第一项议程的讨论时间为 40 分钟,其他每项议程的讨论时间为 20 分钟。

总经理办公室

二〇一三年一月三十日

（4）制作会议日程安排

会议日程是指会议议程在时间上的具体安排。通常采用表格式,标出具体的时间、地点、内容,分发给每位与会者。会议日程安排示例如表 2-1 所示。

表 2-1　镇江市管理协会技术训练专题研讨会日程安排

日期	时间	内容	地点	备注
2013 年 9 月 6 日	8:00	报到	国际饭店一楼大厅	
	8:15	报告会	国际饭店五楼会议厅	
	10:00	销售训练演示	国际饭店五楼会议厅	
	11:00	服务训练演示	国际饭店五楼会议厅	
	12:00	午餐	国际饭店 29 楼餐厅	
	13:00	分组研讨	第一组:六楼会议室 第二组:七楼会议室	
	16:00	大会交流	国际饭店五楼会议厅	
	17:00	散会		

（5）会议经费预算

会议经费的来源:与会者交费、公司资金划拨、广告商赞助、捐助商捐助等。

会议经费使用范围:会议场地租赁费、交通费、办公用品费、文件资料的印刷费、宣传费;按规定开支的房租费、伙食费;会议聘请专家发生的咨询费、劳务费以及其他相关费用。

对会议经费的管理要突出成本意识,本着"节约经费,提高效率"的原则。

（6）会务工作分工

为保证会议顺利进行,一般大型会议设秘书处来负责会议的组织和协调,下设工作小组来具体完成相关工作。

秘书组:负责会议的日程、议程、通知、会议记录、简报、档案等文字性工作。

总务组:负责会场接待、食宿、交通、卫生、文娱活动,以及车辆调度、设备保障、用品发放、财务管理等工作。

宣传组:负责安排记者采访、提供新闻稿、承办记者招待会、录制会议音像资料等对外宣传工作。

保卫组:负责大会的安全保卫工作。

3. 会议筹备方案的格式及样例

会议筹备方案通常由标题、开头、主体和落款四个部分组成。

(1)标题。会议筹备方案的标题,一般由召开单位或范围、会议名称、文种名称三要素构成,

(2)开头。开头部分一般写明召开会议的缘由、宗旨、依据、主办和承办单位、会议名称等会议基本要素,说明会议召开的必要性、合法性。

(3)主体。主体部分一般要写明会议名称、主题、出席人员、议程、日程、会务组织机构的分工、会议经费等事项。

(4)落款。落款写明方案的制发文机关、签署日期,并加盖公章。

示例如下:

星海公司镇江分公司××型手机推介会议筹备方案

为了满足广大客户的需求,星海公司镇江分公司研发了适应90后消费群体的××型手机。为了让产品顺利进入市场,增大销量,特举办××型手机推介会议,现拟定会议筹备方案如下:

一、会议名称

星海科技发展有限公司镇江分公司××型手机推介会

二、会议召开时间、地点

时间:2012年11月11—12日,会期2天

地点:镇江国际大酒店

三、会议主题

推介产品、扩大影响、增加销量、占领市场

四、会议规模

参会人员为全国各地分销商(经销商和代理商)共180人

五、会议议程

1. 星海公司镇江分公司李明总经理致辞。

2. 星海公司镇江分公司分管销售的王虹副经理宣读2011年优秀销售商名单。

3. 优秀销售商代表发言交流经验。

4. 星海公司镇江分公司产研部部长李丽丽介绍新产品。

5. 星海公司总公司分管销售的张晓文副经理就各地资源分配及客户优惠政策讲话。

6. 星海公司总公司朱沁雅总经理为现场订货会致辞。

7. 现场签订合同。

六、会议日程

详见附表1:《星海公司镇江分公司××型手机推介会日程安排》

七、会议筹备分工

(一)会务组

小组负责人:张兰

小组成员:王琴、何丹

职责:

1. 制发会议通知。

2. 准备会议文件:领导(朱沁雅总经理、李明总经理)致辞、优秀销售商名单、优秀销售商代表经验介绍材料、李丽丽部长介绍新产品发言稿、张晓文副经理发言稿、订货合同、会议日程表、会议须知。

3. 制发会议证件:来宾证、记者证、工作人员证。

4. 撰写新闻文稿,经领导审定后,向媒体发送。

(二)后勤接待组

小组负责人:刘梅

小组成员:周平、何元

职责:

1. 会前接站。

2. 报到时签到,预收会务费,来宾住宿与就餐安排,会议证件发放。

3. 会议入场时的签到。

4. 会议有关文件的装袋与发放。

5. 会间交通安排。

6. 会间医疗卫生工作。

7. 会务费的结算。

8. 代为与会者订返程机票、车票。

9. 会后送站。

(三)宣传保卫组

小组负责人:李巧

小组成员:陈雄

职责:

1. 准备会议用品,布置主体会场与产品展览厅。

2. 联系镇江各大媒体,邀请记者出席。

3. 做好会间的安全保卫工作。

4. 清理会场,保管可再次使用的会议用品。

八、经费预算

详见附表2:《会议经费预算明细表》

星海科技发展有限公司镇江分公司办公室

二〇一二年十一月一日

附表1:

星海公司镇江分公司××型手机推介会日程安排(略)

附表2:

会议经费预算明细表

开支项目名称	费用预计/元
1. 文件资料费	1000
2. 邮电通讯费	1000
3. 会议场所租用费	4000
4. 工作人员办公费	5000
5. 宣传交际费	1000
6. 住宿补贴	2000
7. 伙食补贴	2000
8. 交通费	1000
9. 参观游玩活动	5000
10. 纪念品	8000
合计	30000

三、任务实施

任务布置

国内著名的海燕家电公司近期正在筹备召开全国客户咨询洽谈会的有关事宜。近两年,公司推出了一系列新产品,占领国内 50% 以上的家电市场,在国内影响很大。最近,公司又在电脑、手机、电视等多个项目上研制生产出新型、新款产品,准备在本次客户咨询洽谈会上展出,以引起客户和消费者的关注。

会议定于 2013 年 10 月 10 日在北京国际会议中心召开,会期暂定为 5 天,其中第一天为开幕式,第二天专家讲座,第三天专家咨询,第四天专项合作项目洽谈,第五天组织客户游览长城。王副经理立即成立大会筹备处,成员 10 人。他们首先召集会务工作会议,明确将要召开的咨询洽谈大会的主题,即宣传新产品、洽谈新业务;围绕主题,拟定大会筹备方案;确定参加会议的正式人员 280 人,其中特邀有关领导和专家 10 人,工作人员 10 人。

营销部主任提供了一份本公司客户名单,各类单位和个人共有两三百个。公司派主抓公关销售的王雄副经理迅速成立会务筹备处,王副经理找来助理钟苗,让她根据要求尽快完成一份会议筹备方案。

请你帮钟苗拟订一份会议筹备方案。

任务指导

钟苗首先要明确此次会议的名称、会议的主题、会议的出席人员,制作会议的议程和日程安排;然后在征询王雄副经理的意见后进行会议筹备分工,因为此次会议规模及影响较大,分工应细致,职责应明确;接着要考虑会议的经费预算;最后根据会议筹备方案的格式完成此次方案。

任务评估

评价方式:学生自评、教师评价(评价过程可采用评分表格进行,评分表如表 2-2 所示)。

评价依据:

标题正确;开头说明会议召开的必要性、合法性;主体部分一般要写明会议名称、主题、出席人员、议程、日程、会务组织机构的分工、会议经费等事项;落款写明方案的制发文机关、签署日期;语法、字词无误。

表 2-2 会议筹备方案的拟订评分表

任务：会议筹备方案的拟订								
姓名：			指导教师：					
结构 (5分)	标题 (5分)	开头 (10分)	主体 (60分)	落款 (5分)	语法 (10分)	字词 (5分)	自我 评价 (30%)	教师 评价 (70%)

四、实践训练

☞案例讨论

1. 宏远公司拟召开 2010 年展览会。会前明确了招商目的：打出品牌效应，提升产品内涵，这也是此次会议的主题。

会议时间：2010 年 8 月 14 日 8:00—16:00

会议地点：宏远公司展览厅

主 持 人：会议总裁办助理张石华

参 加 人：宏远公司合作伙伴、企业界知名人士、公司全体员工

如果请你安排这次会议的筹备工作，你还要考虑哪些方面的要素，要准备哪些文件材料呢？

2. 天地公司将举行销售团队会议，研究销售工作下一季度的目标，以及人员招聘、选拔等问题。秘书钟苗在编制议程前，先请总经理、销售总监等有关上司提出议题；再询问各位主管是否有在会上讨论的事情，并提请主管上司定夺；然后将要讨论的问题排上顺序。在设计具体的议程表时，钟苗把要在会上讨论的议题编排一下，便打印交给了上司，如下所示：

天地公司销售团队会议议程表

公司销售团队会议将在 5 月 25 日星期一上午 9:00 在公司总部的 3 号会议室举行。

1. 销售二部经理的人选。
2. 东部地区销售活动的总结。
3. 上次会议记录。
4. 销售一部关于内部沟通问题的发言。
5. 下季度销售目标。
6. 公司销售人员的招聘和重组。

上司认为这份议程表有问题,需要修改。请讨论该如何修改。

3. 下面是某市一次经济工作会议的筹备方案,分析指出其不足之处,并进行修改。

××市经济工作会议筹备方案

1. 会议的时间、地点:

拟定于×月×至×日(4天),在××招待所召开。×月×日下午或晚上报到。

2. 会议规模:① 参加会议人员(正式代表);② 特邀代表和列席人员,工作人员(含服务人员)共计××人。

3. 会议议程:

会议由市委书记、市长分别主持。

第一天大会由市长主持,听取市部分综合职能部门关于本年度工作总结和贯彻中央经济工作会议精神的具体措施的发言。

第二天分组讨论(围绕会议确定的讨论题目进行)。

第三天继续分组讨论。

第四天上午继续分组讨论,下午大会由市委书记主持会议,市长作会议总结,书记讲话。

4. 会务工作由市委办公厅、市政府办公厅负责。

拓展训练

针对系部的常规性会议(如团代会)进行会议筹备方案的拟订。

任务2 选择和布置会场

一、任务描述

1. 选择和布置会场是会前准备工作中的一项重要工作,因为会场的好坏直接决定会议的成功与否。一般该任务的工作内容包括:选择会场、明确会场气氛、确定会场格局、布置主席台、安排与会者座次、放置台签、话筒、茶杯、调试设备、装饰会场。

2. 选择和布置会场。首先,要掌握选择会场的方法;其次,要掌握布置会场的流程和方法,应重点掌握如何确定会场格局、如何布置主席台以及装饰会场的方法。

二、知识要点

1. 选择会场

大小适中：会场大小应与会议规模相符，保证每个与会人员每人 $2\sim3\ \text{m}^2$ 的活动空间。

地点适中：尽量离与会者的住所近一点，使其免受奔波之苦。

附属设施齐全：准备好照明、通风、卫生、服务、电话、扩音、录音等，另外还得考虑有无停车场。

场地应不受外界干扰：尽量避开闹市区，同时避免室内的各种噪音；谢绝访客、关闭手机。

场地租借的成本必须合理。

2. 布置会场

会场布置的流程：

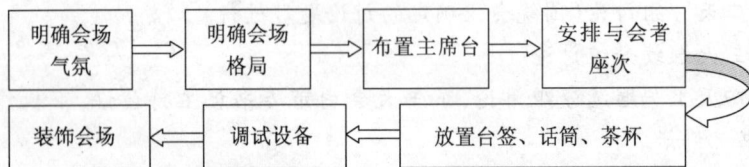

明确会场气氛 → 明确会场格局 → 布置主席台 → 安排与会者座次

装饰会场 ← 调试设备 ← 放置台签、话筒、茶杯

（1）关于会场气氛

为不同主题而召开的会议，其所对应的会场气氛要求各不相同，示例如图 2-1 至图 2-4 所示。

图 2-1　人民代表大会：隆重庄严

图 2-2　纪念性会议:肃穆庄重

图 2-3　庆祝大会:喜庆热烈

图 2-4　座谈会：和谐亲切

（2）关于会场格局

依会场的大小、形状、会议的需要、与会人员的人数而定，还要符合美学原理和与会者的审美观。会场格局具体有以下四种。

上下相对式（图 2-5）：突出主席台位置，会场气氛显得比较严肃和庄重。适合召开大中型报告会、总结表彰会、代表大会等。

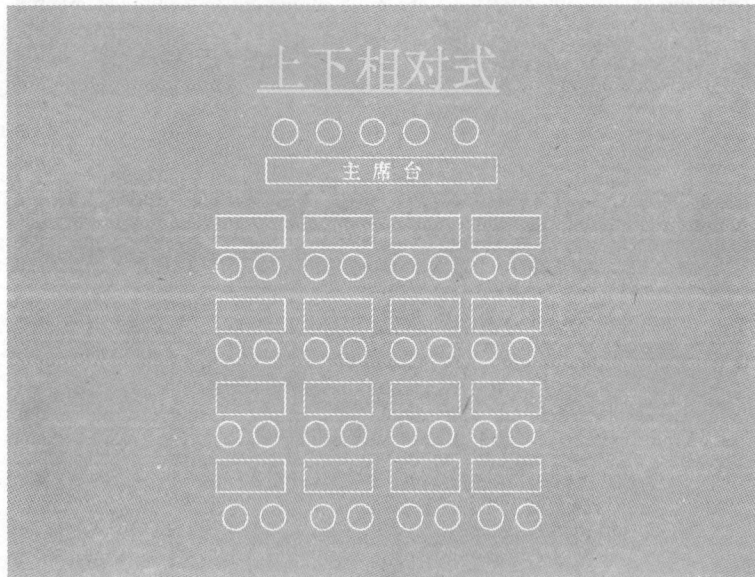

图 2-5　上下相对式

全围式(图2-6)：不设专门主席台，容易形成融洽与合作的气氛，体现平等和相互尊重的精神。适用于召开小型会议及座谈性、协商性会议。

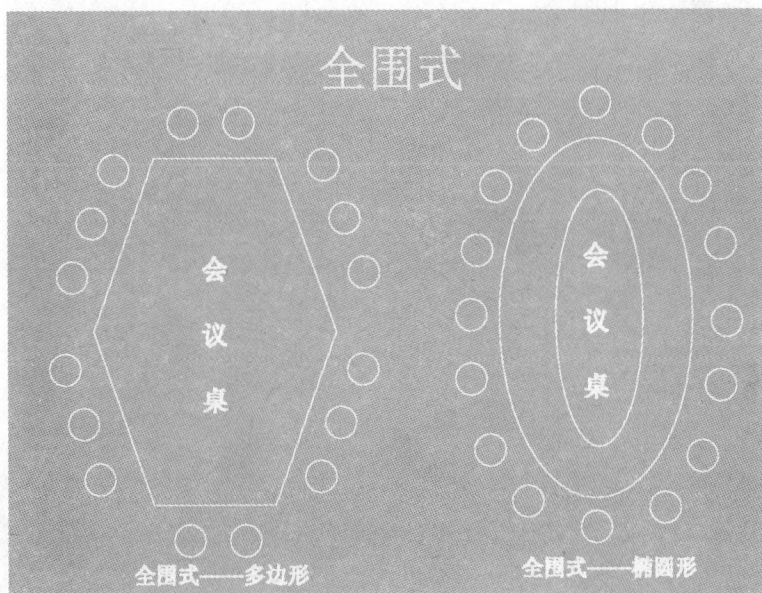

图2-6　全围式

半围式(图2-7)：既突出主席台的位置，又增加了融洽的气氛，适用于召开中小型的工作会议。

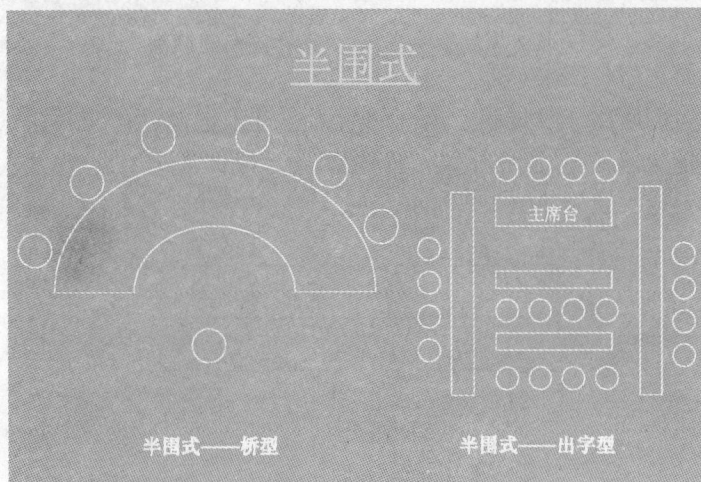

图2-7　半围式

分散式(图2-8):既在一定程度上突出主桌的地位和作用,又给与会者提供了多个谈话、交流的中心,使会议气氛更为轻松、和谐。适合召开规模较大的联欢会、茶话会、团拜会。

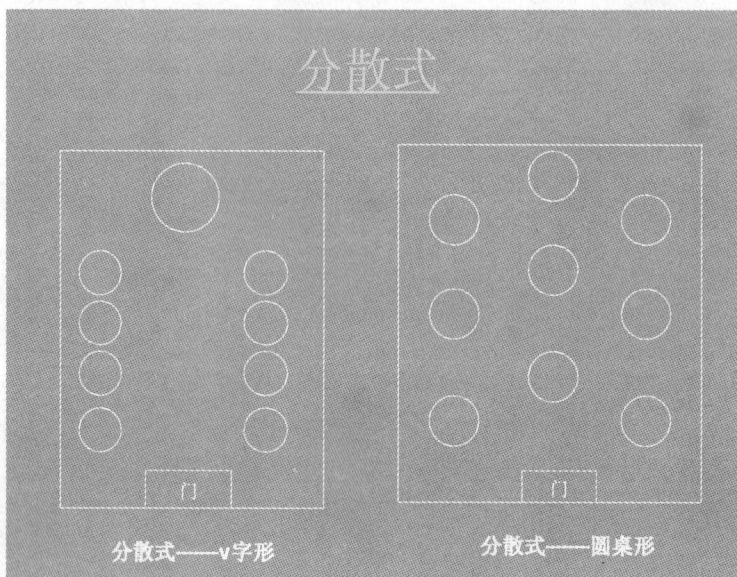

图2-8 分散式

(3) 关于主席台布置

首先是主席台的位置布置:大型会议的主席台一般设在舞台上;中型会议的主席台设在舞台下即可;小型会议一般不设主席台。

其次是主席台座次安排。

主席台的座次一般是职务最高的居第一排正中,然后先左后右、由前至后的顺序依次排列。(商务礼仪先右后左)

主席台座次安排如图2-9所示。

图2-9 主席台座次安排

再次是主席台的布置。

主席台上方应悬挂会标。

会标是会议的全称,一般选用黑体或宋体字,红底白字,企业也常用红底金字。

会标示例如图 2-10 所示。

宏远公司成立 10 周年庆祝大会

图 2-10　会标示例

主席台后方可居中悬挂会徽。

会徽是体现会议精神的图案性标志,会徽在设计上要体现会议的主旨、举办地、举办时间、举办国(地区、单位)等,一般悬挂于主席台后方正中央。

会徽示例如图 2-11 所示。

主席台前或台上可摆放绿色植物或装饰点缀。

（4）安排与会者座次

与会者的座次,一般可按姓氏笔画排列后

图 2-11　会徽示例

再排座;或按与会者代表所属区域来安排就座;或按照与会者的不同领域来安排座位。

（5）调试设备

主要是对会场附属性设施的调试,如音响设备:扩音设备、耳机、同声翻译、麦克风;声响设备:立体电视、激光、全息电影、组合录像、电脑控制的多镜头幻灯等;其他布置:温度、湿度、照明、通风、卫生设备、电源插座等。

（6）装饰会场

会场装饰性设施除了会标、会徽外,还有标语、旗帜、花卉、字画等。

可根据会议需要张贴那些能宣传、烘托会议主题的主题性标语以及能表达欢迎和祝贺之意的礼仪性标语。

会场标语示例如图 2-12 所示。

图 2-12　会场标语示例

可根据会议需要选择能表现会议主题的旗帜,如党旗、国旗、红旗、各色彩旗等。

会场摆放花卉能烘托会议主题,营造出应有的会议气氛,还能缓解与会者长时间开会的疲劳。

三、任务实施

🌸 任务布置

镇江江海建筑有限公司将在镇江某五星级酒店举行公司成立 10 周年庆祝大会,届时,将有市领导、业内知名企业家、各分公司负责人、职工代表共计 200 人参加。王总经理将此次会场布置的工作交给了办公室秘书王琳和钟苗。

要求分小组模拟会场布置情况。具体要求:布置会场(用图表示)、设计座位表(包括主席台的座次安排)。

🌸 任务指导

本次会议为庆祝大会,会议气氛应是喜庆热烈的,会场格局可采用上下相对式,会标可采用红底金字,上面书写"镇江江海建筑有限公司 10 周年庆祝大会",挂在主席台幕前。主席台可根据人数确定排数,主席台上应安排市领导代表、知名企业家代表、分公司代表就座,主席台前可摆放红色、黄色等靓丽颜色的鲜花。根据需要,会场内可悬挂标语、安插彩旗。可将职工代表安排在与会者座位的第一排就座,其他与会者座次可按照部门进行纵向排列。

任务评估

评价方式:学生自评、小组评价、教师评价(评价过程可采用评价表格进行,评分表如表2-3所示)。

评价依据:

会场格局选择正确;主席台座次安排合理,台上有名签,台前台后有绿植;与会者座次安排合理;会标、标语、彩旗等装饰合乎需要,图案制作美观;充分体现团队合作。

表2-3 会场布置评分表

任务:会场布置								
组长:			组员:			指导教师:		
会场格局 (10分)	主席台布置 (30分)	与会者座次 (10分)	会场装饰 (30分)	图案制作 (10分)	团队合作 (10分)	自我评价 (20%)	小组评价 (30%)	教师评价 (50%)

四、实践训练

案例讨论

1. 天地公司准备在暑假召开一个各部门负责人的培训会议,经理让秘书钟苗选择一个会议地点。钟苗经过仔细考虑,预定了位于市郊风景区的一家酒店,价格相对便宜,而且风景宜人,经理及参加培训的人员都很满意。请分析钟苗此次工作的经验。

2. 天地公司开发的新产品获得国家科技进步一等奖,公司决定召开隆重的表彰大会,表彰参与研制的有功人员。公司总经理将会务工作交给了秘书钟苗,请你为钟苗准备一套主席台装饰方案。

3. 森林集团将在明珠大酒店举行年终总结大会,但集团董事长和总裁尚未确定是否来参会,办公室秘书钟苗负责制作和摆放主席台座位卡的工作。根据会议礼仪要求,按照6人或7人的情况,应如何排列好主席台位次?已确定主席台就座的人员有:公司董事长、总经理、党委书记、常务副总经理、工会主席。

拓展训练

通过实地观察(如学校的会议)或间接观察(如电视上的相关新闻)感受不同会场布局的区别。

任务3 制发会议通知

一、任务描述

1. 制发会议通知是秘书在会前准备工作中的一项重要任务,一般该任务包括两项工作内容:会议通知的拟写、会议通知的发送。

2. 做好会议通知的制发。首先,应掌握会议通知所包含的内容;其次,掌握不同种类会议通知的拟写,并能根据实际情况确定会议通知的种类;最后,根据实际情况合理选择会议通知的发送方式。

二、知识要点

1. 会议通知的拟写

会议通知的内容包括会议名称、会议召开时间及会期、会议地点、与会人员、会议议题及要求等,还应有召集单位的署名、联系方式、通知发出日期,并加盖公章等。

会议通知的种类有文件式、备忘录式、请柬式、海报式等。

文件式会议通知适用于大型及重要会议,通知内容详尽、格式规范,有利于与会者做好相关准备。

示例如下:

会议通知

××先生(女士):

兹定于2013年3月上旬在镇江市召开××××会议。

一、会议内容

1. ××××……

2. ××××……

二、会期和时间

三天,自 2013 年 3 月 8 至 3 月 10 日。

三、会议地点

镇江市×××大酒店

四、报到时间、地点

2013 年 3 月 7 日;镇江市×××大酒店一楼大厅

五、注意事项

1. 与会人员每人缴纳会务费×××元,食宿由大会统一安排,住宿费每人每天×××元。

2. 与会人员事先将抵达本市的车次时间通知会务秘书处,以便安排接站。

3. 接到通知后,请填妥回执,并在指定时间之前寄回会务组。

会务组地址:镇江市××路××号

联系人:×××

邮编:×××××

电话:××××-××××××××

特此通知!

××公司总经理室

二〇一三年二月十二日

回　执

姓名	性别	年龄	职务(称)	所在单位	联系电话	交通工具及时间	备注

此回执请务必于 2013 年 2 月 22 日前寄回会务组。

备忘录式会议通知适用于单位内部的事务性或例行性会议。

示例如下：

关于召开业务检查工作会议的通知

各分公司、中心、部门：

　　兹定于 2013 年 1 月 25 日上午 9 时在公司第一会议室召开业务检查工作会议，请各分公司、中心、部门主管经理（主任）或相关责任人按时出席。

汇江公司总经理室

二〇一三年一月二十二日

　　请柬式会议通知适用于企业之间的商务型会议，如开幕典礼、庆典活动等，通常采用请柬或邀请函进行通知。

　　请柬示例：

请　柬

××先生（女士）：

　　为庆祝我公司成立十周年，兹定于二〇一三年二月二十二日晚七时，在××商务酒店举办庆典晚宴。

　　　敬请

光临

××公司公关部

二〇一三年一月二十二日

　　邀请函示例：

邀请函

尊敬的××先生/女士：

　　您好！

　　我们很荣幸地邀请您参加将于 5 月 15—16 日在北京 21 世纪饭店举办的"第 27 届联合国粮食及农业组织亚太地区大会非政府组织磋商会议"。本次会议的主题是：从议程到行动——继"非政府组织粮食主权论坛"之后。此次磋商会议由联合国粮农组织（FAO）和国际粮食主权计划委员会亚洲分会（IPC-Asia）主办，中国国际民间组织合作促进会协办。届时，来自亚太地区 80 多个民间组织的 100 余名代表将参加会议。本次会议宣言将在 5 月 17—21 日召开的第 27 届联合国粮食及农业组织亚太地区大会上宣读。

本次会议的主要议题包括：

1. 亚太地区粮食和农业领域的非政府组织如何在地区和国家层面执行"全球行动议程/公民社会战略"。

2. 亚太地区粮食和农业领域的非政府组织如何根据目前的形势确定今后行动的参与者。

3. 参会机构起草非政府组织建议书，提交给第 27 届联合国粮食及农业组织亚太地区大会，继续呼吁维护农民的利益。

真诚期待着您的积极支持与参与！

××大会组委会

××××年××月××日

海报式会议通知即采用公开张贴、广而告之的方式进行通知，常被用作自由参加会议或活动的通知。示例如下：

我的中国梦　青春勇创业

青年创业导师××高等专科学校专场报告会海报

时间：2013 年 5 月 24 日下午 2:30

地点：食堂四楼报告厅

欢迎广大师生参加！

××高等专科学校团委

××年××月××日

2. 会议通知的发送

会议通知的发送方式有很多，单位内部的会议通知一般可采用当面送达或发送内部邮件的形式。外部会议可邮寄通知，对重要的邀请对象可采用发送书面通知或请柬，以及电话确认的双重方式。

三、任务实施

任务布置

情境 1

××公司准备在 2013 年 1 月 10 日至 11 日在××省××市×××酒店召开 2013 年订货会议，于 2012 年 12 月 20 发出会议通知。会期为 2 天，1 月 9 日报到，报到地点在×××酒店 1506 房。请各地重要经销商参与，食宿费用自理。

请根据以上材料拟写一份文件式会议通知。

情境 2

为总结和交流经验,探讨当前股市中的热点问题,进一步将科学投资和实践相结合,江苏省××证券公司决定于 2013 年 9 月 10 日在南京××酒店 5 楼多功能厅举行股评大会。会议的主题是探讨股市中的有关热点问题,会议邀请南京××证券公司的首席分析师张先生做讲座,要求江苏省××证券公司各地营业部经理参加。作为办公室秘书的钟苗需要给各营业部经理发邀请函,并制作一份请柬传真给南京××证券公司的首席分析师张先生。

请根据上述情境,制作邀请函和请柬。

任务指导

1. 首先,应了解文件式会议通知的格式,包括标题、称呼、通知的主要事项、落款、回执;然后根据情境所提供的要素,参照格式拟写,注意项目要清楚。

2. 钟苗首先应注意邀请函的格式,包括标题、称呼、正文(邀请的主要内容)、敬语、落款;然后根据格式再写作,措辞应诚恳、热情、有礼;应注意请柬的格式:标题、称呼、正文、结语、落款,根据格式写作。

任务评估

评价方式:学生自评、教师评价(评价过程可采用评价表格进行,评分表如表 2-4 所示)。

评价依据:

格式正确;标题准确;正文内容合乎不同通知的写法;落款有制发单位和日期;表达准确简洁;语法、字词无误。

表 2-4　会议通知的拟写评分表

任务:会议通知的拟写								
姓名:			指导教师:					
格式(10分)	标题(5分)	正文(60分)	落款(5分)	表达(10分)	语法(5分)	字词(5分)	自我评价(30%)	教师评价(70%)

四、实践训练

☞案例讨论

1. 某公司要举办成立大会,请了有关单位的领导参加,秘书小李负责嘉宾的邀请。她用电话通知各位嘉宾,但有的嘉宾电话没通,所以没有联系上。事后她把这件事忘掉了,会前也没和嘉宾再次确认。对于重要嘉宾发出了邀请函,但邀请函不是十分美观,比较简陋。结果开会那天,来的嘉宾很少。请讨论问题所在。

2. 下面是天地公司发出的一份会议通知,请找出存在的不足。

会议通知

尊敬的客户:

为了进一步加强与贵公司的协作关系,听取客户对我公司产品和服务的意见,我公司拟于 2013 年 8 月 15 日在恒丰宾馆召开客户咨询会。敬请回复及光临。

附:会议日程及路线图

回 执

请于 7 月 30 日以前将回执寄至:北京市朝阳区天地大厦天地公司销售部孙萌小姐,邮编:100110,电话:010 - 87654321。

□我公司参加此次会议,参加人数:

姓名:

公司:

3. 下面是一份邀请函,请找出这份邀请函中存在的问题。

邀 请 函

××大学:

根据省委宣传部的统一部署,我厅将举办"五月鲜花歌咏会",并由电视台等单位负责承办。定于 5 月 2 日下午,在省工业大学室外演出并直播。今正式向贵单位发出参加活动邀请函,恳请贵单位抓好节目质量,节目审查时间为4月20日,具体事宜可与节目编导组联系。

二〇一三年三月九日

拓展训练

在校园及学校网站查找各种类型的会议通知并作评析。

任务4 会议文件资料及用品的准备

一、任务描述

1. 会议文件资料及用品的准备是秘书在会前准备工作中的一项任务,该任务一般包括两项工作内容:会议文件资料的准备、会议用品的准备。

2. 做好会议文件资料及用品的准备。首先,应了解会议文件资料及用品的类型;其次,要掌握会议文件资料及用品的准备程序。

二、知识要点

1. 会议文件资料的类型

主题性文件,如领导讲话稿、代表发言材料、经验介绍材料、会议决议草案等;程序性文件,如会议议程与日程安排表、会议时间安排表、选举程序表及表决程序安排表等;管理性文件,会议通知、出席证件、与会代表名单、作息时间安排表及会议须知等。

2. 会议文件资料的准备

准备流程:

分析会议特点和性质 → 撰写、收集相关文件和资料 → 认真校对相关会议文件 → 制作会议文件清单

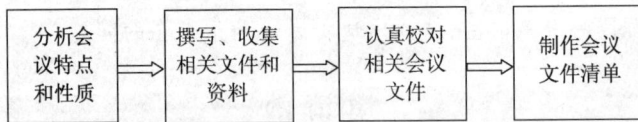

文件校对是文件印制工作一个重要环节。这是一项非常细致的工作,要求杜绝差错,保证文字准确。校对文件时还应检查文件结构的各个组成部分、各种标记及文件的格式有无错误。

会议文件较多时,要印制"会议文件清单",放在文件资料袋的首页,作为

与会人员查收文件的依据。"文件清单"所列文件的顺序要与袋中文件的顺序相一致,便于与会人员查收、使用。

会议文件清单可以表格形式或文字形式列出,如下所示:

宏达公司2012年度股东大会会议文件清单

一、会议议程。

二、公司2012年度董事会工作报告。

三、公司2012年度监事会工作报告。

四、关于推举第六届董事会人选的议案。

五、关于推举第六届监事会人选的议案。

六、公司2012年度报告及摘要。

七、公司2012年度决算报告。

八、公司2012年度利润分配预案。

九、关于续聘2013年度审计机构并决定其报酬的议案。

十、关于聘请2013年度内部控制审计机构的议案。

十一、公司章程修正案。

十二、2012年度独立董事述职报告。

3. 会议用品的种类

会场设备:灯光、录扩音设备、投影仪等。

会场布置:鲜花、绿植、台签、条幅、易拉宝等。

常用物资:电脑、照相机、签到用品、水杯、茶水、饮水设备、证书等。

特殊用品:投票箱、计数设备、奖励用品等。

4. 会议用品的准备

准备流程:

分析会议特点和性质 → 统计所需物品 → 列出物品清单 → 按照清单采买、租赁或制作会议用品

会议物品清单表如表2-5所示。

表2-5　会议所需物品清单列表

序号	物品名称	用途	尺寸	是否需要
001	背景板(纤维布或高密度喷绘布)	会议主题背景板	根据会场大小	
002	面光灯(PA灯)	正常需要2组(8只)	根据会场大小	

序号	物品名称	用途	尺寸	是否需要
003	签到背景板	会议签到处背景板	500 cm × 300 cm	
004	来宾签名墙	留名、合影	根据会场大小	
005	舞台		高度 20 cm,40 cm, 60 cm,80 cm	
006	会议资料(设计印刷)	本场会议宣传介绍类	根据内容设计	
007	会议手册(设计印刷)		正常 A4 大小	
008	办公用品(资料袋、笔记本、笔等,可提供分装)	用于装会议资料的文件袋	大开 A4	
009	代表证、工作人员等		B7	
010	指引牌	X 展架、POP 架	180 cm × 80 cm, 60 cm × 80 cm	
011	温馨提示牌(设计、打印)	用于嘉宾客房内,主要内容:合肥近几天的天气和温度,提醒嘉宾注意增减衣物等	正常规格	
012	席卡(设计印刷)		正常规格	
013	鲜花	会议桌花、演讲台花、宴会用花、胸花		
014	签约本		A4	
015	签约笔			
016	洗漱包套装	里面放洗漱用品		
017	礼仪小姐	迎宾、签约		
018	会议礼品(或纪念品)	可根据客户要求提供		
019	摄影(照相)			
020	摄像	摇臂、普通机型(流动+固定机位)		
021	会议代表证、工作证		B7 或 A7	
022	横幅	会议欢迎标语	宽幅 70 cm,90 cm,长度根据内容与场地	
023	户外彩虹门	用于户外宣传造势	跨度 16 m,18 m, 20 m	

序号	物品名称	用途	尺寸	是否需要
024	户外空飘球	用于户外宣传造势	1 号灯笼球	
025	户外刀旗	用于户外宣传造势	标准尺寸	
026	灯光音响	用于晚宴、晚会、庆典、年会等	根据节目或客户需求	

三、任务实施

任务布置

　　红光显示器有限公司是我国主要的电脑显示器生产基地之一,在全国设有 300 多个代理商。为了让代理商更多地了解公司的发展,同时展示其即将推向市场的新产品的优势及性能,研究如何扩大产品销售等问题,公司领导决定于 2013 年 8 月 8 日至 10 日在南京国际会议中心召开一次全国代理商会议:由公司总经理介绍企业的基本概况及发展远景;研发部经理介绍、演示新产品的性能、核心技术及测试结果;生产部总监介绍目前企业的生产能力及生产情况;销售部总监介绍公司产品的销售情况;公司主管副总经理就下一步销售策略、销售政策及开展销售竞赛评比等事项做专题发言。同时,选择东北、华北、华东地区的三位销售代表介绍各自的经验,最后表彰 50 家优秀代理商。会议期间,还要组织与会代表参观企业,利用一个晚上的时间举办一场联欢晚会,安排代表游览南京市内的几个景点。

　　请根据上述情境,完成以下两个任务:

　　(1)考虑此次会议要准备哪些文件资料,并制作一份会议文件清单。

　　(2)就会场布置和准备罗列出一份所需物品清单,以便提前准备。

任务指导

　　根据此次会议特点,撰写或收集主题性文件,如公司总经理的讲话稿、研发部经理的介绍发言、生产部总监的销售情况发言、副总经理的专题发言等;程序性文件,如会议议程及日程安排;管理性文件,如会议须知、景点介绍、会议通知、与会代表作息时间表等。

　　根据此次会议确定会场布置方案,准备会场设备、布置及会议常用物品清单,还应考虑表彰环节的奖励用品。

🌸 任务评估

评价方式:学生自评、教师评价(评价过程可采用评价表格进行,评分表如表2-6所示)。

评价依据:

所列的主题性文件、程序性文件、管理性文件合乎会议特点且齐全;物品清单中包含名称、用途、尺寸,且考虑周全,符合会议特点。

表2-6　会议文件资料及用品的准备评分表

任务:会议文件资料及用品的准备							
姓名:				指导教师:			
主题性文件(30分)	程序性文件(10分)	管理性文件(10分)	物品名称(30分)	物品用途(10分)	物品尺寸(10分)	自我评价(30%)	教师评价(70%)

四、实践训练

🖐案例讨论

1. 北京天瑞股份有限公司承办了一个全国性的500人参加的大型会议。大会秘书组在向会议代表分发资料时,才发现大大小小的资料共12份、礼品一份、笔记本与水笔各一个,但准备的文件袋太小,根本装不下,只好让与会人员用手抱着一大杏材料进入会场,场面一片混乱。

请分析问题所在。

2. 某公司举办大型服装新品展销会,与会者是来自各大公司的老总或经理。本次活动得到了媒体的广泛关注,当地政府也对此产生了浓厚的兴趣。该公司也向当地政府发出了邀请,市长由于有另外一个活动,不能确定,由副市长代表参加。展销会即将开始时,市长却来到了。各嘉宾已经在台上就座,但发现没有市长的名签和座位,会议主办方十分尴尬。

请分析问题所在。

3. 天地石化股份有限公司董事会召开会议讨论从国外引进化工生产设备的问题,秘书初萌负责为与会董事准备会议所需文件资料。共有多家国外公司竞标,所以材料很多。初萌由于时间仓促就为每位董事准备了一个文件夹,将所有材料放入文件夹。有三位董事在会前回复说有事不能参加会议,于是初萌就未准备他们的资料。不想,正式开会时其中的两位又赶了回来。结果会上有的董事因没有资料可看而无法发表意见,有的董事面对一大摞资料却不知如何找到想看的资料,从而影响了会议的进度。

　　请分析问题所在。

拓展训练

　　观摩学校的一次主题会议,进行分析,准备一份会议文件资料及用品清单。

任务5　会前检查

一、任务描述

　　1. 会前检查是会前工作的最后一项任务,一般该任务的工作内容包括:会场布置情况检查、会议保卫工作检查、会议文件材料检查及其他检查。

　　2. 做好会前检查。首先,要了解会前检查的要点;其次,根据要点制作会前检查表;最后进行检查。

二、知识要点

1. 会前检查的要点

　　会前检查的要点主要包括:会场布置情况检查、会议保卫工作检查、会议文件材料的检查以及其他检查。

　　(1)会场布置情况检查:会场布置与会议议题是否适应,会标是否醒目端庄,主席台座次安排是否合理,名签是否摆放到位,会徽、标语、彩旗、鲜花等装饰性设施是否到位,音响、照明、通信、录音、录像、通风、温度、湿度等附属性设施是否完善。在公司外举行的大型会议,还应检查场地划分情况,以及进场、退场路线的安排。

　　(2)会议保卫工作检查:确保会场内所有设备操作安全可靠,确保会场内消防设施齐全有效,确保会场的防窃听装置灵敏高效,确保会场的监控探头处于正常运行状态。

（3）会议文件材料的检查：会议所需的文件材料（如议程、日程安排、会议通知等）是否齐全，文件上的会议名称、标号、份号是否标注等。

（4）其他检查：一些特殊会议的检查应增加，如颁奖大会对奖品的准备和发奖顺序的安排，有选举内容的大会对票箱、投票、计票工作的安排，安排集体摄影的会议还应检查摄影场地和座次安排情况等。

2．制作会前检查项目表

可以制作一份会前检查项目表，以便检查。会前检查项目表如表2-7所示。

表2-7　会前检查项目表

检查时间：　　　　　　　　　　会议名称：

序号	类别	检查项目	结果
1	会标	会标是否醒目端庄	
2	主席台座次	主席台座次是否安排合理	
3	名签	名签摆放是否到位	
4	绿植	绿植是否准备，数量是否足够	
5	标语	所需标语是否到位	
6	彩旗	所需彩旗是否到位	
7	音响	音响设备是否调试正常，无杂音	
8	照明	照明是否正常，无故障	
9	空调	空调调试是否正常，出风口无灰尘	
10	投影仪	投影仪是否能正常使用，投影布洁净	
11	会议文件	会议文件是否准备齐全，并装入文件袋	
12	消防设施	消防设施是否能正常使用，是否齐全	
13	监控探头	监控探头是否运行正常	
14	茶歇	茶歇是否按规格准备	
15			
16			
17			

备注：　　　　　　　　　　　　　检查人：

三、任务实施

🌸 任务布置

　　菁菁饲料工业总公司是一家国有老企业,年产 200 万吨"龙"牌系列全价饲料,再过一个月,即 2013 年 10 月 1 日,就是企业成立 50 周年纪念日。为此,公司决定在迎风大酒店举办庆典大会,邀请市领导、行业协会领导、新闻记者、有关专家、客户代表、退休老职工,以及企业员工代表约 300 人出席。公司拟组建会务组、接待组、保卫组三个精干小组:会务组负责场地布置工作;接待组主要负责餐饮、交通、生活服务工作;秘书组负责董事长的庆典发言、所有会议文件的印刷、校对、分发,做好会议记录及简报等工作。大会的各项准备工作将于 2013 年 9 月 25 日完成。作为总负责人的钟苗将对各项工作的进展情况进行检查和协调。

　　请根据以上背景,确定此次会议的检查项目,并制作一份会前检查项目清单。

🌸 任务指导

　　钟苗应明确此次会议的检查项目,有会场布置情况、文件材料准备、保卫工作情况等。对于文件材料,检查重点是文件材料是否齐全,文件上的会议名称、标号、份号是否标注等。保卫工作情况的检查应确保会场内所有设备操作安全可靠,确保会场内消防设施齐全有效,确保会场的防窃听装置灵敏高效,确保会场的监控探头处于正常运行状态。会场布置则应重点检查会场座位的安排、主席台布置、装饰性设施及附属性设施。依据上述情况制作检查项目清单,格式可参考表 2-7。

🌸 任务评估

　　评价方式:学生自评、教师评价(评价过程可采用评分表格进行,评分表如表 2-8 所示)。

　　评价依据:

　　会场布置情况的检查重点明确,检查清单项目齐全;文件材料的检查清单包括文件数量、文件标注;保卫工作情况的检查重点明确,清单项目齐全。

表 2-8　会前检查评分表

任务:会前检查				
姓名:		指导教师:		
会场布置情况 （50 分）	文件材料准备 （25 分）	保卫工作情况 （25 分）	自我评价 （30%）	教师评价 （70%）

四、实践训练

案例讨论

1. 某校召开一次表彰大会,对全校七八个先进集体、数十名先进个人颁发锦旗和奖状。当领奖的同学上台领到锦旗和奖状后,有几名同学当即发现奖状上的名字不对,转头向领导更换和相互交换,一时间领奖台上竟乱糟糟的。

请问作为校办秘书小张应总结哪些教训呢?

2. 天地公司年底为表达对客户的谢意,召开了客户联谊会,会后共进晚餐。负责接待工作的秘书钟苗根据上司的指示和宴会惯例,安排桌次座位。这次宴会共设 3 桌:餐厅正面靠墙处为主桌,编为 1 号桌;靠入口处为 2,3 号桌,摆成三角形,突出主桌。重要客户在主桌。为方便来宾入席,钟苗特意做了座位名签,并摆在桌上。但由于这次联谊会时间紧,与会人员名单确定得晚,钟苗在抄写时漏了应排在主桌的一位重要客户,结果致使该客户入席时找不到座位,出现了十分尴尬的场面。

请问钟苗的问题出在哪里?

拓展训练

观摩学校的一次主题会议,进行分析,准备一份会前检查项目清单。

任务6　会议接站、签到与座位引导

一、任务描述

1. 会议接站、签到与座位引导是会中服务的第一项任务,一般该任务的工作内容包括:会议接站、会议签到、座位引导。

2. 做好会议接站、签到与座位引导工作。首先,要掌握会议接站的流程,做好接站准备,才能实施接站;其次,要掌握会议签到的类型、流程,才能实施签到;最后,掌握座位引导的流程及礼仪。

二、知识要点

1. 会议接站

会议接站是会中服务的第一步。一般而言,只有跨地区的会议接待才有接站服务;对于无需接站,自行参会的本地及外地与会人员,要事先制作详细的报到路线图告知对方。

会议接站的流程:

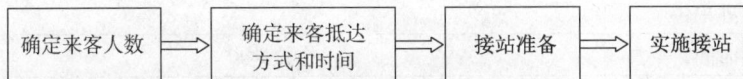

确定来客人数 ⟹ 确定来客抵达方式和时间 ⟹ 接站准备 ⟹ 实施接站

来客的人数、抵达方式和时间主要根据会议的回执和反馈信息确定。

接站准备包括接站人员、接站车辆、接待站的设置、接站牌的制作。

接站牌上应该写清来客的车次、时间、发站、来客姓名全称以及迎接客人的单位或会议名称,要醒目大方。

例如:

```
接 G3086 次从上海来的
       章华先生
   宏达公司　商务洽谈会
```

接站时还应注意:至少提前15分钟到达,并在出口处比较醒目的地方,高举接站牌等待客人;服饰穿着要整齐大方,体现公司良好的形象;接到客户后,首先要核实客户身份,然后引导上车,与对方简短寒暄;帮助客户提拿大件物品。

2. 会议签到

会议签到的目的是为了及时准确地统计到会人数以及缺席情况。签到方式一般包括:簿式签到、秘书代签、二维手机签到、电子自动签到机(条形码、磁卡、IC 卡)。大中型会议可采用电子签到设备;小型会议可采用簿式签到;人数很少的例会可由秘书代签。

会议签到的流程:

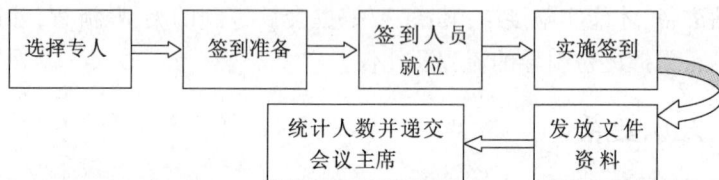

签到准备:签到笔、签到簿、签到卡的刷卡机。

实施签到:小型会议可使用会议签到单,如表2-9 所示。

表 2-9　会议签到单

会议名称			
主办单位			
时间		会议地点	
出席单位	签名	出席单位	签名
××××		××××	
××××		××××	
××××		××××	
××××		××××	

签到人员还应注意:提前到岗,合理选择签到方式,签到时发放会议所需文件资料和票证,及时统计人数。

3. 会议座位引导

会议座位引导流程:

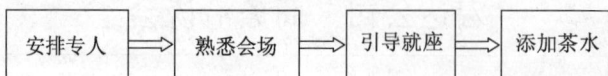

引导时要热情大方、注意礼仪、耐心回答来宾提问。

三、任务实施

任务布置

情境 1

宏达公司将于明日下午召开商务洽谈会,办公室秘书钟苗接到公司总经理电话,要求她明日上午 10:15 前往火车站去接从上海来参会的客户王华先生,车次是 G7036。

请根据情境设计好接站牌,模拟会议接站。

情境 2

由于公司产品滞销,销售业绩大幅度滑坡,宏达公司南京分公司决定 12 月 13—15 日在南京钟山宾馆召开销售人员会议,以便改善销售现状,共有 40 个销售人员出席会议。总经理交代秘书张洁,要做好会议签到工作。

请模拟会议签到的场景。

情境 3

宏达公司为回馈顾客,定于 12 月 13 日下午 2:30 在南京钟山宾馆召开客户联谊会。公司办公室主任交代秘书张洁,要做好会议主席台的座位引导服务工作。

请分组模拟,演练座位引导服务工作。

任务指导

1. 钟苗应提前到站,手举接站牌;接到王华后,应确认对方身份,主动寒暄;帮助对方提拿大件物品;然后引导对方至停车点。接站牌制作应醒目、规范。

2. 根据情境,张洁可采用簿式签到的方式,制作好签到单,然后实施签到;每一个与会者签到结束后,应发放会议资料。

3. 张洁首先应熟悉会场的主席台布置;应走在对方前两三步作引导,引导时应耐心回答来宾询问;到达主席台后,应为来宾添加茶水。

任务评估

评价方式:学生自评、小组评价、教师评价(评价过程可采用评分表格进行,评分表如表 2-10 所示)。

评价依据:

1. 会议接站:接站牌设计醒目规范;提前到场,接站过程准确;言行举止合乎秘书礼仪。

2. 会议签到:提前到场,签到准备充分;签到过程准确;言行举止合乎秘书礼仪。

3. 座位引导服务:引导及时;引导态度好,动作规范合乎礼仪;茶水添加及时。

表 2-10   会议接站、签到与座位引导评分表

评价事项	评分要素	分值	自我评价 (20%)	小组评价 (30%)	教师评价 (50%)
会议接站	接站牌设计	35			
	接站过程				
	礼仪规范				
会议签到	签到准备	35			
	签到过程				
	礼仪规范				
座位引导服务	引导时机	30			
	引导规范				
	茶水添加				

四、实践训练

案例讨论

1. 天地公司定于 2013 年 2 月 25 日在京召开为期两天的新产品推广会,邀请了国内外十几家合作公司的管理人员、技术人员近百人参加。秘书初萌负责安排接站报到工作,但因春节后客流较大,她又缺乏一定的经验,致使部分与会者没能找到接站处,费了很大周折才找到报到地点,因而损害了企业的良好形象。

请分析初萌的问题。

2. 宏远公司今天上午 9:00 在公司二楼会议室召开客户联谊会,由公司秘书钟苗及初萌负责此次会议的签到及资料发放工作;签到处安排在公司一楼大厅。上午 8:50,很多客户已经到达公司,可是两位秘书还未到位;直到

8:55,两位才匆匆赶来,会议所需资料也没带够。

请分析两位秘书的失职之处。

拓展训练

针对系部召开的大型会议(如学术报告会等)进行一次会中签到、引导服务。

任务 7　做好会议记录

一、任务描述

1. 做好会议记录是秘书在会中服务的一项文字录入任务,一般该任务包括的工作内容有:会议记录的准备工作、现场会议记录。

2. 要做好会议记录,首先,要了解如何做好会议记录的准备工作;其次,把握会议记录的内容、方法及重点;最后,掌握会议记录的格式。

二、知识要点

1. 会议记录的准备工作

准备好会议记录所需的物品,如笔、记录用纸、录音机或录音笔等。提前到达会场,安排好会议记录的地方,准备一张与会人员的座位图。在利用录音设备的同时,必须手工记录,以防漏记或错记。

2. 会议记录的内容

会议概况(名称、时间、地点、主持人、出席人、列席人、旁听人、缺席人);会议的进程(议题、议程、发言人姓名、发言及表决情况、会议结果);会议记录签署(记录人、审核人、发言人)。

3. 会议记录的方法

详细记录和摘要记录:详细记录要求有言必录,并记录插话、争论、表态等情况;摘要记录则只摘取与会者发言的重点、要点和会议主持人讲话要点的记录。

4. 会议记录的重点

会议中心议题以及围绕中心议题展开的有关活动;会议讨论、争论的焦点及其各方的主要见解;权威人士或代表人物的言论;会议开始时的定调性言论和结束前的总结性言论;会议已议决的或议而未决的事项;对会议产生较大影响的其他言论或活动。

5. 会议记录的格式

示例如下:

××公司办公会议记录

时间:××××年××月××日上午××点

地点:××××

主持人:×××

参会人员:×××、×××、×××、×××、×××、×××、×××

记录人:×××

主要内容及发言情况:

1. 主要内容

2. 发言

×××:

×××:

×××:

与会人员经过充分讨论、协商,一致决定:

(1)

(2)

3. 会议于××点××分结束。

主持人(签名)

记录人(签名)

××××年××月××日

三、任务实施

❋ 任务布置

组织一次关于学生外出兼职的征询意见座谈会,按照议题合理设计会议过程,做好会议现场记录。

❋ 任务指导

班级可分组召开座谈会,15 人一组,其中,会议主持一人、会议记录一人,其他人作为学生代表。会议的组织进行由小组讨论确定。现场记录可以录音辅助,其中,学生代表发言、会议主持引导等可采用摘要记录,会议产生的争论以及最后的结论可采用详细记录。

✿ 任务评估

评价方式:小组评价、教师评价(评价过程可采用评分表格进行,评分表如表 2-11 所示)。

评价依据:

符合会议记录的基本格式,由会议概况、会议进程和会议记录签署三部分组成;内容齐全,记录方式正确;条理清晰;表达明白;语法、字词无误。

表 2-11　做好会议记录评分表

任务:做好会议记录							
组长:			组员:			指导教师:	
格式 (20分)	内容 (30分)	条理 (10分)	表达 (20分)	语法 (10分)	字词 (10分)	小组 评价 (30%)	教师 评价 (70%)

四、实践训练

☞案例讨论

以下是风光公司秘书杜拉拉的一次会议记录。杜拉拉的会议记录格式正确吗? 存在什么问题呢?

风光旅游公司 2011 年业务恳谈会会议记录

时间:2011 年 10 月 15 日上午 9 时

地点:西湖风景区新世纪酒店一号会议室

出席人:省市旅游部门主管领导、风光旅游有限公司主要领导与各部门经理、客户代表

主持人:陈大鹏(公司副总经理)

一、主持人讲话:今天,是我公司值得纪念的日子,能够邀请到这么多领

导和嘉宾,济济一堂,参加我公司 2011 年业务恳谈会,实在是我公司的莫大荣耀。下面,请让我介绍在主席台就坐的各位领导和来宾,他们是……

二、宋董事长致欢迎辞。

三、省旅游局张副局长讲话:风光旅游公司是我省旅游业的骨干企业,也是我省旅游方面的纳税大户,在维护旅游业信誉,宣传行业诚信方面都做出了良好的榜样,今后……

四、李总经理讲话:我公司自 1988 年成立以来,一直以诚信为本,十几年来没有发生严重的顾客投诉案件,具有良好的社会信誉,因此业务量稳居全省旅游业第一。今天请各位新老客户共聚一堂,主要是表达我公司在业务拓展方面的意愿,并希望能听到各位嘉宾对我公司发展提出金子般的箴言,我们会洗耳恭听。下面,请允许我代表我公司全体同仁,向各位介绍一下 2011 年我公司的业务情况……

五、客户代表发言:……

六、李总经理的总结:……

七、散会(上午 12 时)。

主持人:陈大鹏(签名)
记录人:杜拉拉(签名)

拓展训练

针对学校组织的大型会议,充分利用录音设备,分组完成一次会议记录。

任务8　编写会议简报

一、任务描述

1. 编写会议简报也是秘书会中服务的一项基本任务,一般该任务包括两项工作内容:收集会议简报所需材料、编写会议简报。

2. 编写好会议简报,首先,要了解简报内容的来源;其次,掌握简报的特点;最后,把握简报的结构及写法。

二、知识要点

会议简报是会议期间编发的、用以交流会议情况的文书材料,是简要地报道会议进展情况以交流信息、推动会议进程的一种特殊的文书,要求简练、快捷、准确。

1. 会议简报内容的来源

简报内容的来源主要有三个:一是会议现成的文件,如开幕词、闭幕词等;二是会场记录;三是编制人员亲自采访得来的如会议开幕消息、参观活动消息等。

2. 会议简报的结构及写法

会议简报分报头、报核、报尾三大部分。

报头由简报名称、期数、编印机构名称、印发日期组成。

报核由按语、标题、导语、主体、结尾构成。

简报的按语,即对整个会议情况的大概说明。简报的标题类似新闻的标题,要求能揭示主题,简短醒目。

导语通常用简明的一句话或一段话概括全文的主旨或主要内容,给读者一个总的印象。导语的写法多种多样,有提问式、结论式、描写式、叙述式等。导语一般要交待清楚谁(某人或某单位),什么时间,干什么(事件),结果怎样等内容。

主体用足够的、典型的、有说服力的材料,把导语的内容加以具体化。

结尾或指明事情发展趋势,或提出希望及今后打算。如果主体部分已经把事情说清楚,那就不必再加尾巴了。

报尾写在最后一页的下方,主要标注报、送、发的对象及印发份数。

会议简报范文如下:

××集团2012年度财务工作会议简报

第(5)期

××集团公司办公室　　　　　　　　　××××年×月×日

按语: 在清产核资工作全面展开、新的《企业会计制度》即将实施、主辅分离逐步开展的形势下,12月16—18日,集团公司在××楼召开了××集团2012年度财务工作会议。

树立全新财务理念　加强财会队伍建设

12月16—18日,集团公司在××楼召开了××集团2012年度财务工作会议。各子分公司总会计师、财务科长、决算人员、审计人员,各指挥部办事处财务主管等 130 余人参加了会议。此次财务工作会议为下一步做好财务决算编制工作做好了充分准备。

集团公司总会计师××出席会议并做了重要讲话,在讲话中,××从认清新的财务形势、树立新的财务理念、完善成本管理机制、规范资金运作、实施新《企业会计制度》、做好清产核资工作、做好财务预算工作、做好审计工作、加强会计基础工作、加强财会队伍建设十个方面做出重要指示,为集团公司下一步的财务工作指明了方向。

集团公司副总会计师、财会部部长××总结了 2012 年度××集团公司财务工作情况,并对下一年度××集团公司的财务工作做出了安排布置,提出了 2013 年度财务工作九个方面的要点:加强内部资金管理,提高信用意识;加强成本管理工作,探索有效的成本管理途径;严格执行财务预算制度,加大对资本运营中的监控;做好清产核资工作,为全面执行《企业会计制度》奠定基础;执行《企业会计制度》,完善相关的财务配套制度;结合"主辅分离",紧缩经费开支;开展财会信息化建设,促进财会管理水平的提高;继续加强财会队伍的建设,提高公司的财务管理水平;加强财会学会建设,充分发挥财会学会的作用。

此次财务工作会议全面布置了 2012 年度财务决算编制工作,提出了 2013 年度财务预算的编制要求,明确了清产核资的步骤和方法,解答了汇总纳税及退税的有关问题。为下一步做好财务决算编制工作,提高财务预算的编制水平,加强国有资产的监控管理,合理筹划纳税工作,全面实施《企业会计制度》打下了基础,做好了准备。

送:××办公室、集团公司各部　　　　　　　　　　　　　（共印 60 份）

三、任务实施

❁ 任务布置

组织一次关于学生外出兼职的征询意见座谈会,按照议题合理设计会议过程,编写一份会议简报。

❁ 任务指导

班级可分组召开座谈会,15 人一组,其中,会议主持一人、会议记录一人,其他人作为学生代表。会议的组织进行由小组讨论确定。根据会议召开的背景、意义及现场记录,拟写会议简报。

任务评估

评价方式:小组评价、教师评价(评价过程可采用评分表格进行,评分表如表2-12所示)。

评价依据:

符合会议简报的基本格式,由报头、报核、报尾三部分组成;内容齐全,写法正确;条理清晰;表达明白;语法、字词无误。

表2-12 编写会议简报评分表

任务:编写会议简报							
组长:			组员:			指导教师:	
格式 (20分)	内容 (30分)	条理 (10分)	表达 (20分)	语法 (10分)	字词 (10分)	小组评价 (30%)	教师评价 (70%)

四、实践训练

案例讨论

华夏企业协会举办了"华夏公司融资操作研讨会",此次会议邀请了国内一批顶尖的经济学家、管理学家到场发表演说,各大媒体闻风而动,齐聚会场。邓林负责会议的信息宣传工作。她因事先对情况估计不足,当许多记者向她索要新闻稿、宣传资料、专家讲座大纲时,无法满足对方的要求;协会领导向她询问各大媒体对会议的报道情况时,她也没有做好简报收集、留齐各种资料,无法为领导提供适用的信息。

请分析邓林的问题所在。

拓展训练

针对学校组织的大型会议,编写一份会议简报。

任务9 会中突发事件的处理

一、任务描述

1. 会中突发事件的处理是会中服务的一项非常规工作,做好该项工作需要秘书具备一定的应变能力。

2. 处理好会中突发事件。首先,应了解处理会议突发事件的程序;其次,掌握具体事件的处理方法,并注意处理要求。

二、知识要点

会议突发事件是指会议过程中发生的无法预料、难以应付的,必须采取非常方法来处理的事情。

1. 处理会议突发事件的程序

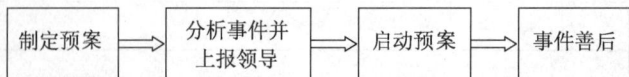

制定预案 → 分析事件并上报领导 → 启动预案 → 事件善后

2. 具体处理方法

(1) 处理人员问题

应根据会议类型采取不同的备用人选,或临时修改会议议程。

(2) 处理健康与安全问题

加强会前安全检查,必要时进行应对火灾等突发事件的演习,派专人负责把守安全通道,充分利用摄像监控系统,事先安排好医护人员在会场应急。

(3) 处理行为问题

场内:审核发言人以往情况,发言前加强沟通,必要时请行为不当者离开会场。

场外:加强场外保卫,专人协调处理。

(4) 处理场地问题

公司内部可用其他房间替代;公司外部应和会议场地管理人员协商,由他们提供替换的会议室。

(5) 处理设备问题

加强会前检查与调试,备有紧急维修师的姓名、联系方式。

（6）处理资料问题

随身携带一份会议活动安排及会议需要使用的文件原稿,以便在会场附近随时复印。

3.处理会议突发事件的要求

（1）突发事件发生之后,会场有关人员应马上将事件发生的情况向领导汇报。

（2）事件处理工作结束后,写出事件的处理经过,上报领导审阅后归档。

（3）处理突发事件时,既要大胆、果断,又要细致、稳妥。

三、任务实施

任务布置

情境 1

宏达公司决定于 12 月 13—15 日在南京钟山宾馆召开客户联谊会,听取客户对公司产品的意见和建议,确定次年产品订购情况。14 日上午,会议正在进行,突然两个客户拿着公司的产品在会场外大吵大闹,说公司产品是假冒伪劣产品,要求公司给一个说法。出现这种意外情况后,负责客服的王副总经理要求秘书张洁赶快去处理这件事情。

请演示处理情境。

情境 2

宏达公司决定于 12 月 13—15 日在南京钟山宾馆召开客户联谊会,听取客户对公司产品的意见和建议,摸清次年产品订购情况。14 日上午,会议正在进行,突然会场一片混乱,秘书张洁赶紧到现场了解情况。原来,参加会议的兄弟公司销售副总晕倒了。出现这种意外情况后,负责客服的王副总经理要求秘书张洁赶快去处理这件事情。

请演示处理情境。

任务指导

1.张洁首先应立即将那两个客户带离会场,以免影响会场内秩序;然后迅速汇报领导,启动预案进行处理,可以请售后服务部门配合做好相关工作。处理时应尽量控制情绪,细致稳妥地处理好。

2.张洁应立即启动预案,请会场医务人员到场做应急处置,迅速向领导汇报,根据当时情况考虑是否拨打120。处理时不应慌乱,应果断、细致。

任务评估

评价方式:小组评价、教师评价(评价过程可采用评分表格进行,评分表如表2-13所示)。

评价依据:

处理程序准确;处理方法得当;言行举止体现秘书的礼仪要求;应变能力强;处理过程体现团队合作精神。

表2-13　会议突发事件处理评分表

任务:会议突发事件处理							
组长:			组员:			指导教师:	
工作程序(20分)	处理方法(30分)	职业礼仪(10分)	职业语言(20分)	应变能力(10分)	团队合作(10分)	小组评价(30%)	教师评价(70%)

四、实践训练

案例讨论

1. 天一公司的新产品发布会即将开始,总经理秘书高叶站在会议大厅的入口处,她一边做着最后的检查,一边等待嘉宾的到来。她发现主席台上放置的名签有问题:一位董事因故不能前来,名签却没有撤掉,而另一位嘉宾刚刚来电话说要来,名签还没准备好。这时她的手机又响了,原来是接电视台记者的汽车在路上抛锚了,重新派车已经来不及了。同时,会议秘书组的人员来报,宣传材料不太够,此时嘉宾已陆续到来。

请问高叶该怎么办?

2. 晚上九点了,天地公司王副总准备进行总结,他用力一挥手,不料把刚刚续上茶水的茶杯打翻了,开水全泼到了旁边钟苗的手上。钟苗被烫得跳了起来。就在大家惊呆的一瞬间,总经理助理高峰迅速打开一瓶矿泉水浇在钟苗手上,又马上拉她到洗手间,让她用冷水冲洗;自己则回到办公室拿来一管烫伤膏给钟苗敷上,然后安排了车把钟苗送进了医院。王副总欣慰地长出了一口气,大家又回到了会议桌旁。

请问你从这次突发事件的处理中得到了什么启示?

拓展训练

分组对校内的大型会议进行会议突发事件的预案准备。

任务10 清理会场

一、任务描述

1. 清理会场是秘书做好会议善后的第一项任务,一般该任务的工作内容包括:关闭视听设备、清理会场布置、退还租借物品、清点会议文件、清洁整理会场。

2. 做好清理会场工作。首先,要把握清理的顺序;其次,掌握清理要点;最后,根据要点进行清理。

二、知识要点

会议结束后,秘书人员要与工作人员一同进行会议现场的清理工作。

首先,应关闭会议现场的视听设备,按照会议计划中的物品使用清单,逐一核查,保证物归原位。

其次,清理会场内外的布置,收回在会议现场的一些布置物品,如横幅、会标、会徽等。

再次,退还现场租借的物品和材料。如有设备、器材在会议使用过程中出现故障,应及时修理,以保证下次需要时的正常使用。

另外,会议结束后,应清点收回带有保密性质的会议文件,并仔细检查会议现场及各个房间,看是否有遗漏或剩下与会议有关的文件资料,以免泄密。

最后,收拾整理临时放置在会议现场的茶杯、桌椅、烟缸和其他物品,清洁整理会场。

三、任务实施

任务布置

为贯彻落实总公司有关安全生产工作的指示精神,2012 年 12 月 15—16

日,宏达公司华东分公司在公司会议厅召开安全生产工作会议,总公司副总裁,分公司总经理、党委书记、副总经理等都出席了会议。会议主席台正中及前面的地板上摆放着绿植,发言台上摆放了鲜花;主席台后的背景墙蓝色丝绒布上布置着会议的巨幅字标;主席台上有话筒、手提电脑、公司领导层人员名字席卡、会议资料、圆珠笔、记录笔、矿泉水等。会议二楼的过道里有会场方向指示标志,底楼门口放置着一块会议通知牌。公司办公室秘书张洁负责此次的会场清理工作,请分组为张洁列出一份清理会场的清单并进行会场清理。

❀ 任务指导

张洁首先应将手提电脑装进电脑包,迅速关闭视听设备;其次应清理会场布置,包括会场内的布置如会标、主席台上的席卡、绿植、鲜花等,会场外的布置如会场方向指示标志、会议通知牌等。随后再将席卡及会议资料收集归类,分别装进纸箱及资料袋,接着应清理会议桌上的其他资料、圆珠笔、记录表、矿泉水等。最后,对会场进行清洁整理工作。清理会场的清单应包含会场布置、租借物品及临时放置物品的清单。

❀ 任务评估

评价方式:小组评价、教师评价(评价过程可采用评分表格进行,评分表如表2-14所示)。

评价依据:

清理会场的顺序正确;处理方法得当;所列清单齐全;处理过程时言行举止合乎秘书礼仪;应变能力强;体现团队合作精神。

表2-14　清理会场评分表

任务:清理会场							
组长:			组员:			指导教师:	
工作程序(30分)	处理方法(30分)	所列清单(20分)	职业礼仪(10分)	应变能力(5分)	团队合作(5分)	小组评价(30%)	教师评价(70%)

四、实践训练

案例讨论

天地公司一次会后几天,秘书初萌接到会议所用宾馆左主任打来的电话,称在清点会议麦克风时发现少了一个。初萌说:"左主任,那天是我亲自还的,当时贵宾馆的陈经理当面点过后,我们交接完了所有手续,而且双方都签字了。我这里还有手续单呢。会不会是这几天又有人借了?"

请问初萌的工作有问题吗?

拓展训练

针对我校的大中小三种会议,如元旦文艺会演、学术报告会、学生代表座谈会,进行会场清理工作。

任务11 送别与会人员

一、任务描述

1. 送别与会人员是会议结束阶段工作中的一个重要环节,这一环节如果处理得不好,就会使整个会议的总体效果在与会人员的印象中大打折扣,使先前的工作努力和成果前功尽弃。一般该任务包括以下工作内容:做好票务服务、结清会议费用、组织送别与会人员、安排好暂留人员。

2. 秘书应该事先了解与会人员需求,编制与会者返程时间表,安排送行并注意适当的送客礼仪。

二、知识要点

1. 送别与会人员的主要工作

（1）做好票务服务

对于参加会议的外埠人员,根据对方需要,为其提前购买返程机(船、车)票。应按先远后近的次序安排返程机票、车票的预定事宜,掌握交通工具的航班、车次等情况,尽早与民航、铁路、公路、港口等部门沟通联系,提前预订好飞机、火车、汽车、轮船票。

（2）结清会议费用

会议通知上一般均会提示与会人员参加会议时准备好会务费；会议结束后，会议主办方应即时安排与会者结算会务费用，同时向缴费者提供相关发票，以供与会者回单位后报销。

（3）组织送别与会人员

应编制与会者离开的时间表，安排好送行车辆，派人将外地与会人员送到机场、车站、港口，待他们乘坐的交通工具启程后再返回。如有必要，还应安排有关领导同志为与会人员送行。

在送离与会客人时，提醒与会者做好各种会议物品的清退，检查、清退房间，避免遗忘个人物品。

（4）安排暂留人员

对于个别需要暂留的与会人员，要妥善安排好他们的食宿。

2. 送客礼仪

（1）握手告别，送客出门。客人要离开时，应起身与客人握手告别，并送出门去。坐着不动，或只是点头表示知道客人要走或者面无表情、没有任何表示都是不礼貌的。

（2）提醒与会者携带好个人物品。与会人员离场时，应提醒他携带好个人物品，不要有遗漏。

（3）送客真诚，送离视线。一般在送客时可送至大门外、电梯口甚至送上车，并帮与会者关车门。对待身份、地位较高的贵宾，各种礼仪更要做到位。此外，送客人员不可在与会者上车后立即离去，而应等待与会人员乘车离开自己的视线后再离开。

以上是体贴客人的送客之道，也体现了周到的会议服务礼仪。

三、任务实施

❀ 任务布置

2013年5月13日，镇江某高等职业技术学院承办了江苏省职业院校学术报告会，来自徐州、连云港、淮安、盐城、南通、南京、常州、无锡、苏州的职业院校共派来了30名教师代表与会。5月15日会议闭幕后，承办方、主办方、科技处处长和教务处办公室有关人员共同协作，分头做好安排与会人员离场的各项工作，完成送别会议代表的最后一项任务。根据会议回执中的要求，徐州、连云港的4名教师5月16日返程，其他人员当天即离开。具体工作如下：

1. 科技处办公室张玲和教务处办公室朱云负责与会人员的票务及送站工作。

2. 学校分管科研的副校长、科技处处长、教务处处长在与会人员上车离校前与他们握手告别,礼貌送别。

请根据情境编制一份与会人员离开时间表,并分角色演示送行情境。

任务指导

1. 张玲和朱云应根据与会代表在回执中的要求进行返程订票,淮安、盐城、南通的可安排购买汽车票,送至长途客运站,南京、常州、无锡、苏州的可安排购买火车票,送至火车站。徐州、连云港的安排一天住宿。按照人员、返程时间、交通工具、送行车辆、送行领导制作一份与会人员离开时间表。

2. 送行时应送至电梯口、大门口,并握手道别,提醒对方携带好相关物品,目送对方直至远去。

任务评估

评价方式:小组评价、教师评价(评价过程可采用评分表格进行,评分表如表2-15所示)。

评价依据:

情境设计合理;工作程序正确;工作方法得当;工作过程中的言行举止合乎秘书礼仪;体现团队合作精神;与会人员离开时间表制定细致准确。

表2-15　送别与会人员评分表

任务:送别与会人员							
组长:			组员:			指导教师:	
情境设计(30分)	工作程序(20分)	工作方法(20分)	职业礼仪(10分)	时间表制定(15分)	团队合作(5分)	小组评价(30%)	教师评价(70%)

四、实践训练

案例讨论

1. 某公司邀请全国的客户到昆明参加该公司新开发的产品洽谈会。秘书王欣负责安排与会人员的返程工作,王欣想先解决容易预定的近地与会人员的车票,再慢慢解决北京等远地难以解决的车票预定,而且她认为只要为客户尽可能地预定火车硬卧铺票就行了。结果,部分客户因不能及时拿到返程的车票、机票,而对该公司十分不满,使得洽谈会的工作效果大打折扣。

(1) 请找出并纠正王欣在安排与会人员返程工作中的失误。

(2) 假如你是王欣,你将如何安排与会人员的返程工作?

2. 某公司承办的学术研讨会已接近尾声,秘书初萌开始落实与会人员的返程工作。初萌将会务服务人员分成几个小组,每组负责不同省份的与会人员,最后将各组的情况进行汇总后,初萌又将登记表认真加以核对。与会人员有的在会议结束的当天就返回原地,有的由于种种原因还想在此地逗留几日。初萌克服一切困难尽量满足他们的不同要求。初萌细心周到的工作,得到了与会人员的连连称赞。

请分析初萌工作的成功之处。

拓展训练

1. 查阅资料,了解派车管理、车辆调度及租车管理方面的知识。

2. 针对学校举办的大型会议,协助组织者安排与会人员的返程及送站工作。

任务12　整理会议文件资料

一、任务描述

1. 整理会议文件资料是秘书做好会议善后工作的一项基本任务,该任务的工作内容包括:收集整理会议文件、对文件资料进行汇编。

2. 整理会议文件资料。首先,要了解收集和整理会议文件资料的范围;其次,掌握录音资料整理的方法;最后,掌握会议文件的汇编方法。

二、知识要点

1. 收集和整理会议文件

会议文件收集整理的范围如下:

会前准备并分发的文件,如会议通知、邀请函、与会人员名单、议题、议程、日程等。

会中产生的文件,如决定、决议、会议记录、简报。

会后产生的文件,如会议纪要、会议新闻报道等。

2. 会议文件的汇编

目前汇编会议文件一般可分为两种:一种是档案工作资料需要的综合汇编,这种汇编是将会议所有文件,包括会议通知、会议名单和分组名单、会议须知、会议正式文件和参阅文件、会议简报、会议发言材料、领导讲话、会议总结等都收集起来,按照先后顺序装订成册,以备查考。这种汇编要求文件齐全。

综合汇编目录如下所示:

××大学艺术系团代会会议文件汇编目录

另一种汇编是供学习用的,是将会议正式的报告、讲话要点等进行专题汇编。汇编目录如下所示:

2011年陕西省旅游工作会议文件材料汇编目录

1. 省委、省政府主要领导重要讲话摘要。

2. 在2011年全国旅游工作会议上的讲话(国家旅游局局长　邵琪伟)。

3. 抓住机遇　加快发展　为做大做强陕西旅游产业而不懈努力(陕西省旅游局局长　董宪民)。

4. 唱响秦岭最美是商洛品牌　打造西安第二生活区(商洛市人民政府)。

5. 加快森林公园建设　打造森林旅游精品　为实现旅游大省向旅游强省转变作出贡献(陕西省林业厅)。

6. 加强文物遗产保护　促进旅游产业发展(陕西省文物局)。

7. 勇攀历史新高峰(西安市旅游局)。

8. 振奋精神　狠抓落实　努力建设一流精品景区(华山风景名胜区管理委员会)。

9. 通过企业改制　优化企业结构　做大做强旅行社(中国旅行总社西北有限公司)。

(来源于陕西旅游网)

三、任务实施

❀ 任务布置

华通消费电子(中国)2012 年度显示器总代理商会议,决定于 5 月 10 日至 11 日在重庆乐园度假村举行,重庆华通消费电子有限公司显示器厂负责所有会议事宜。会前,吴总经理让李秘书为他准备一份发言稿,用在正式开会时作为欢迎词,发言时间不超过 3 分钟,并让她拟制一份会议计划。计划得到吴总认可后,李秘书根据计划内容,写了书面的会议通知,以快件邮寄的方式,将通知发送给三大代理商。会议如期顺利进行,会议由公司副总主持,议程为吴总致欢迎词;三大代理商发言,讨论华通显示器代理渠道;会议决议;组织室内景点参观游览。

会议结束后,李秘书将本次代理商会议中形成的文件(包括会议计划、会议通知、领导欢迎词、代理商发言稿、会议决议、会议记录等)收集齐全,整理并进行汇编,请列出此次会议的汇编目录。

❀ 任务指导

李秘书可以采用综合汇编的形式,将此次会议的所有文件按照会前、会中、会后进行整理,包括会议计划、会议通知、会议名单、会议须知、领导欢迎词、代理商发言稿、会议决议、会议记录、参观游览安排、会议简报、会议总结、会议纪要等,列出汇编目录,具体格式可参照知识要点。

❀ 任务评估

评价方式:学生自评、教师评价(评价过程可采用评分表格进行,评分表如表2-16所示)。

评价依据：

汇编形式选择正确；汇编顺序按会前、会中、会后进行排序；文件类型齐全；汇编目录格式符合规范。

表 2-16 整理会议文件资料评分表

任务：整理会议文件资料					
姓名：			指导教师：		
汇编形式 （30 分）	汇编顺序 （30 分）	文件类型 （30 分）	目录格式 （10 分）	自我评价 （30%）	教师评价 （70%）

四、实践训练

案例讨论

1. 宏达公司日常管理比较混乱，秘书没有将公司会议记录立卷归档，经常发生找不到会议文件资料的事情。一次，公司与合作方经过几次协商，双方签署了一个项目的合作意向。不久，双方约定再次商谈并签订正式文本。然而，当需要之前签署的意向书时，秘书在自己所保存的文件中无论如何也找不到了。当合作方听说此事后，中止了与该公司的合作。

请分析问题所在。

2. 风雷公司在 2012 年末召开了改革企业管理制度新春座谈会，会上各个部门的职工代表就如何改革现有的企业管理制度纷纷献计献策。公司总经理在做会议总结之前，让助理许茹收集会议各方面的信息。许茹从简报、会议记录和群众来信中搜集了一些资料，但总经理却认为她没有能够提供一些反馈信息，希望她能改进这方面的工作。

请分析问题所在。

拓展训练

利用校内或校外资源，找一处较为完备的档案室或档案馆作为参观学习对象，重点查找一下对该单位有重要意义的某次会议的整个文件资料，再参照必备知识，说说这份会议资料整理汇编的基本情况和优缺点。

任务 13　会议经费结算

一、任务描述

1. 会议经费的结算是秘书做好会议善后工作的一项重要任务，一般该任务的工作内容包括：确定会议经费结算的方法、通知与会人员结算时间和地点、进行结算。

2. 做好会议经费的结算。首先，要掌握会议收款和付款的方法；其次，掌握会议经费结算表的制作。

二、知识要点

会议经费的结算是办会者在会议结束后对整个经费使用情况，即会议开支费用的结算。

1. 会议收款的方法

很多会议需要与会代表向主办方支付一些必要的费用，例如，培训费、住宿费、资料费、餐饮费等，另外，主办方还可能代办返程人员的回程票事宜。这需要会务工作人员做好会议经费结算工作，在与会者离会之前，要结清由与会者承担的费用，多退少补，并开具正式的发票。

（1）应在会议通知中，详细注明收费标准和方法。

（2）注明与会者可采用的支付方式。

（3）如用信用卡收费，应问清姓名、卡号、有效期等。

（4）开具发票的工作人员事先要与财务部门确定正确的收费开票程序，不能出任何差错。如果有些项目无法开具发票，应和与会者协商，开具收据或证明。

2. 会议付款的方法

会议结束后，应对会议期间发生的费用进行统计，将应该由公司支付的费用按照公司规定及时支付给对方。会议过程中的一切花费，应严格按照预算计划开支。各种花费应在决算表中注明情况，然后提交领导审核，再到财务部门结账。

会议期间产生的费用应按照项目的特点及类型选择恰当的付款方法及时间，如表2-17所示。

表 2-17　会议经费付款方法和时间表

经费项目	付款方法	付款时间
专家咨询	事先确定费用,会议后再支付	会后
场地租赁	事先商定费用,预订时交定金,会议后再按实际花费结算	会前定金,会后结算
场地布置	事先商定费用,预订时交定金,会议后再按实际花费结算	会前定金,会后结算
设备租借	事先商定费用,会议后按实际费用结算	会后
文件打印	会前用零用现金支付	会前
食品饮料	事先商定费用,会议后按实际费用结算	会后

3. 会议经费结算表的制作

会议经费的结算可以制作表格,表明预算的项目和金额、结算支出,以呈现会议召开的实际经费开支,如表 2-18、表 2-19 所示。

表 2-18　××公司业务恳谈会预算总表

收入项目	金额	支出项目	金额
会议赞助收入		固定支出项	
会议广告收入		承办者报酬	
与会者、参展商、联合主办方交费		承办者开支	
文件资料汇编(音像)出版收入		会议营销支出	

表 2-19　项目支出明细表

支出项目名称		数量	单价	支出金额
资料费	复印费			
	印刷装订费			
	翻译费			
	寄送费			
	……			
	……			

续表

支出项目名称	数量	单价	支出金额
培训费			
会议车辆使用费			
会务人员补助费			
参会人员饮食补助费			
参会人员住宿补助费			
纪念礼品费			
……			
……			
总计			

三、任务实施

❀ 任务布置

宏达实业贸易有限公司定于 2013 年 12 月 9 日在镇江召开公司 2013 年年会,办公室秘书钟苗负责会议经费的结算工作。除了本公司 120 名员工参加年会外,公司为了扩大影响,邀请了市领导及当地企业家代表数名,年会定在镇江国际大酒店举行。本次会议费用除了当地广告商赞助 100000 元之外,其他费用全部由公司承担。

请根据以上情境,合理设计年会产生费用,并制作一份会议经费预算总表和项目支出明细表。

❀ 任务指导

钟苗首先应明确此次会议的收入项目只有广告商赞助 100000 元,然后列出此次年会的支出项目:会议营销费、固定支出(与会者餐饮、车辆、礼品、文件资料费、会议场地租用、会场布置、礼仪迎宾等)、记者招待费、承办人员的报酬等。根据以上考虑要素,制作预算表和明细表。

❀ 任务评估

评价方式:学生自评、教师评价(评价过程可采用评分表格进行,评分表如表 2-20 所示)。

评价依据：

表格设计美观；经费项目齐全且合乎情境要求；项目安排合理；可操作性强。

表 2-20　会议经费结算评分表

任务：会议经费结算					
姓名：		指导教师：			
表格设计 （10 分）	项目内容 （40 分）	项目安排 （40 分）	可操作性 （10 分）	自我评分 （30%）	教师评分 （70%）

四、实践训练

案例讨论

宏达公司员工郑明前往某城市参加全国电子产品交流会，会期 5 天。按照会议通知，他交了 1500 元会务费，组织方开具了发票。郑明回来报销时，财务处说发票无效不予报销，原因是发票上缺少财务章。郑明赶紧与会务组取得联系，对方让郑明把发票寄给他们，如果有问题，他们会承担责任。

请分析该案例中会议主办方存在的问题。

拓展训练

1. 查阅资料了解开具发票的注意点。
2. 针对学校举办的大型会议，协助组织者做好会议经费的结算工作。

任务 14　撰写会议纪要

一、任务描述

1. 撰写会议纪要是秘书做好会议善后工作的一项重要任务，一般该任务的工作内容包括：整理会议记录、概括会议精神和成果、撰写会议纪要。

2. 撰写会议纪要。首先,要掌握撰写会议纪要的程序;其次,掌握会议纪要的格式及写法。

二、知识要点

会议纪要是根据会议的主旨,用准确而精炼的语言综合记述其要点的书面材料,是在会议记录的基础上,分析、综合、提炼而成,用来概括反映会议精神和会议成果的文件。作为秘书,一般要负责撰写会议纪要。会议纪要应当简短扼要、观点鲜明、事实清楚,不必发表议论和交代情况。并非所有会议都要产生会议纪要。

1. 撰写会议纪要的程序

首先整理会议记录,然后概括会议精神和成果,最后撰写会议纪要。

2. 会议纪要的格式及写法

会议纪要的格式通常由标题、导言、主体、结尾、落款五部分构成:导言主要用来记述会议的基本情况;主体是会议纪要的核心部分;结尾一般写对与会者的希望和要求,也有不写结尾的;落款标明签署拟制机关和日期。主体的写法一般有以下四种:

分类标项式:适合于篇幅较长的会议纪要,将会议讨论的内容依其内在联系和逻辑关系等归纳成几个方面(见范例)。

新闻报道式:适用于办公会议等日常工作例会的纪要,内容包括会议进行程序、会议概况、会议议题、讨论意见、决定事项等。

记录摘要式:就是对会议记录的摘要整理,适用于协调会。

指挥命令式:多用于安排部署重要工作的会议。一般写法:"会议决定……","会议同意……","会议通过了……"等。

会议纪要范例如下:

××大学企业集团控股有限公司会议纪要
(二○一×年二月二十二日)

时间:201×年2月22日15:00—17:00

地点:企业集团会议室

参加人员:陈×× 王×× 张×× 周××

因公外出:叶××

主持人:田×

201×年2月22日下午三时,田×总裁主持召开新学期首次总裁办公会议,提出201×年企业集团的工作思路,布置和落实201×年工作重点和工作任务,并要求集团总部各部门依据总体思路制订各部门201×年工作计划。会议认为:

一、企业集团的工作职责和管理范围已明确,针对目前现有所属企业状况,我们的工作思路是⋯⋯

二、依据今年的工作思路,结合企业的改制和企业外迁,集团总部内具体工作任务是强化基础管理工作,建立三库,即⋯⋯

三、制定新的企业考核体系,对企业不同性质、不同行业应有不同的考核办法和⋯⋯

四、规范参股、控股企业的设立程序,完整材料,以条例形式进行管理。

××大学企业集团控股有限公司

二〇一×年二月二十二日

三、任务实施

🌸 任务布置

宏达商贸有限公司于2013年5月3—5日在南京商贸大酒店召开了业务恳谈会,公司邀请商贸、旅游、房地产等合作公司的高层管理人员参加此次会议。此次大会决定的事项主要有以下几项:

一、公司除了给予合作伙伴更多的优惠措施外,还可以继续扩大商贸业务。以前公司大部分资金投放在国内,这次省里的有关部门领导希望公司响应国家号召,也是从公司发展的实际出发,今后把相当一部分资金投放到国外,如非洲、中亚等与我国有密切往来的国家和地区。

二、公司各分公司在这样的总体精神指导下,加强与上述国家和地区的经贸合作,既能支援当地建设,也能扩大影响,获得收益。

三、旅游分公司除了经营国内线路外,应在非洲和中亚旅游线路的拓展等方面有所行动。

四、房地产公司要能更新经营观念,要改变过去那种高风险、高暴利的运作方式,走平民化道路,多建小户型,做阳光工程,接受社会监督。

五、公司服务水平整体较好,但仍有不尽如人意之处,需要加以改进。

六、公司下一年度的总体利润目标。

请根据上述决定事项,拟写一份会议纪要。

任务指导

秘书首先应明确会议纪要的格式由标题、导言、主体、结尾、落款五部分组成,然后再撰写。此次会议的决定事项即会议纪要的主体,结尾可以省去。

任务评估

评价方式:学生自评、教师评价(评价过程可采用评分表格进行,评分表如表2-21所示)。

评价依据:

符合会议纪要的基本格式,由标题、导言、主体、结尾、落款五部分组成;内容齐全,写法正确;条理清晰;表达明白;语法、字词无误。

表2-21　撰写会议纪要评分表

任务:撰写会议纪要							
姓名:			指导教师:				
格式 (20分)	内容 (30分)	条理 (10分)	表达 (20分)	语法 (10分)	字词 (10分)	自我 评分 (30%)	教师 评分 (70%)

四、实践训练

案例讨论

请指出下面的会议纪要所存在的问题。

中共××市委常委会议纪要

(200×)×号

主持人:陈××

时间:200×年×月××日下午至××日

地点:市委主楼216会议室

出席:李××、周××、张××、韦××

列席:田××、蒙××、黄××、潘××

议定事项:

一、会议认真学习了省委200×年×月×日《关于进一步统一认识,坚决搞好治理整顿》的通知,对我市前段治理整顿的情况和一季度形势逐项进行了分析和深入讨论,进一步统一了思想,明确了当前和今后治理整顿的人物和工作重点。

二、听取了××同志关于200×年庆祝振兴××立功竞赛表彰大会准备工作的汇报,原则同意"立功办"提出的大会方案及召开时间,原则同意市级劳模及文明单位的名单,责成"立功办"根据市委常委意见进行调整,并做好大会准备工作。对有些需要进一步研究的问题由"立功办"再作准备,向书记办公会汇报。

会议认为,半年来我市在贯彻中央治理整顿方针的过程中,态度坚决,工作扎实,初见成效,但对成绩不能估计过高,要看到思想认识的差距和治理整顿任务的艰巨,要按照中央精神,进一步统一思想,认真抓好治理整顿的各项工作。

会议决定:

在省委传达中央工作会议精神后,召开市委工作会议,通过传达中央工作会议精神,分析我市治理整顿形式和任务,提高认识,统一思想,动员广大党员一心一意搞好治理整顿。会议定于5月底召开,由市委办公室做好会议筹备工作。

拓展训练

请辨析会议纪要与会议记录的区别所在。

任务15 做好会议总结

一、任务描述

1. 会议总结是秘书做好会务工作的最后一项基本任务,一般该任务的工作内容包括:对会议征询意见;向领导报告会议结论;总结定稿、印发;召开总结会。

2. 做好办公环境的管理。首先,要了解会议总结的内容;其次,把握会议总结的方法和工作程序;最后,学会撰写会议总结。

二、知识要点

1. 会议总结的内容

（1）会议准备工作情况；

（2）会议方案所制订的各项会议工作的准确性和全面性；

（3）会务工作部门之间的协调状况以及会务工作人员的工作状态；

（4）与会人员数量的合理性、信息交流的有效性；

（5）会议目标的实现情况；

（6）在提升会议效果方面需要改进的地方。

2. 会议总结的方法

会议总结的方法有座谈会、表彰会和书面总结等。

3. 会议总结的工作程序

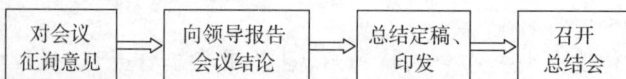

会议总结的工作程序：

对会议征询意见 → 向领导报告会议结论 → 总结定稿、印发 → 召开总结会

一些重要会议或大型会议结束以后，负责会务工作的秘书要协助领导及时召集全体会务工作人员，对整个会议的组织与服务工作进行全面总结，积累经验，找出不足，以利于今后把会务工作搞得更好。有的会议可以通过调查表等形式征求参会者的意见和建议，作为总结结论的依据。形成初稿后要呈送给领导过目审阅后再定稿。然后按要求印发到相关部门或相关人员，总结报告需要归档。

4. 会议总结报告的撰写

撰写程序：

确定会议评估因素 → 设计评估表格 → 分析数据 → 撰写总结报告

会议效果评估主要包括以下三方面：

（1）会议总体管理工作评估

包括会议目标、会议方案、场地选择、场地布置、会议时间、食宿安排、会议文件资料的准备等。

（2）会议主持人评估

侧重对主持人的主持能力、修养、业务水平、控制会议进程的能力、引导会议决议形成的能力等方面的评估。

（3）会议工作人员评估

侧重对工作人员的行为表现、工作态度、业务水平、工作效果的评估。

三、任务实施

任务布置

组织一次主题演讲比赛,比赛结束后,召开一次座谈会进行会议总结。

任务指导

应召集此次比赛的组织人员开座谈会,座谈会可以从总体管理、主持人、工作人员三个方面总结成败。座谈会的主持人应引导与会人员踊跃发言,并安排会议记录。

任务评估

评价方式:小组评价、教师评价(评价过程可采用评分表格进行,评分表如表2-22所示)。

评价依据:

座谈会准备充分;主持人主持能力强,能很好地引导着会议进程;会议过程完整;会议记录合乎规范;成员态度好;体现团队合作精神。

表2-22　做好会议总结评分表

任务:做好会议总结							
组长:			组员:			指导教师:	
工作准备 (10分)	主持能力 (20分)	会议过程 (30分)	会议记录 (20分)	个人态度 (10分)	团队合作 (10分)	小组评价 (30%)	教师评价 (70%)

四、实践训练

🖝案例讨论

国内一家著名的家电公司——方圆家电公司正在召开有关会议,讨论近期召开全国各地客户咨询洽谈会的有关事宜。方圆家电公司是一家改制后的大型国有企业,公司资产雄厚,员工众多,著名科技人员和高层管理人员云集。公司在做好内部管理工作的同时,也注意做好客户管理工作。最近几年,公司推出了一系列新产品,占领了国内50%以上的家电市场,在国外影响也很大。最近,公司又在电脑、手机、电视等多个项目上研制生产出新型、新款产品,准备在这次客户咨询洽谈会上亮相,以引起客户和消费者的关注。会上,营销部主任提供了一份本公司客户名单,包括各家单位代表和个人共两三百名。

公司决定给这些单位和个人发出邀请信,邀请他们参加本公司关于新产品的大型客户咨询洽谈会。公司派主抓公关、销售的王副经理负责此项工作,迅速成立会务筹备处,拟订会议方案,准备大会所用各种材料。会议定于2012年10月10日在北京国际会议中心召开,食宿也安排在该会议中心,会期暂定5天,其中第一天开幕式,第二天专家讲座,第三天专家咨询,第四天专项合作项目洽谈,第五天组织客户游览长城。公司要求大会必须圆满成功,达到公司举行这次活动的目的。

王副经理立即着手成立了大会筹备处,成员10人。他们首先召集会务工作会议,明确将要召开的咨询洽谈大会的主题,即宣传新产品、洽谈新业务;然后围绕主题,拟订大会筹备方案。确定参加会议的正式人员280人,特邀有关领导和专家10人,工作人员10人。确定了大会的议程和会议所需要的各种材料、大会所需的经费预算、请有关领导和专家讲话的建议等。该方案报经公司领导审核、讨论、修改、完善后,筹备处马上给各位成员明确分工。主要分工有:准备会议所需文件(包括起草会议通知、公司总经理开幕词、有关领导讲话稿、有关新产品的情况资料、与会议有关的背景材料等);会务服务生活保障(包括发会议通知,接待,签发、分发文件和物品,安排住宿,布置会场等);宣传报道(联系新闻媒体、通报会议情况、编写会议纪要等);对外联络(包括联系旅游,预订返程车、船、机票等)。

经过精心准备,各方人员如期到会,新产品咨询洽谈会按时召开。但是,在与会人员报到时,负责接待签到的小张发现,有十几个会员在报到单上注明"回族"或其他少数民族。小张及时把这一情况报告给王副经理，王副经理马上通知有关人员安排不同民族风味的饭菜，使与会人员都非常满意。会议按计划顺利进行，与会人员对该公司的新产品赞不绝口，专家的讲解、介绍更使与会人员大开眼界。利用会议休息时间，公司还应与会人员的要求，组织参观了公司的生产车间等场地。会务筹备处还安排了舞会等娱乐项目，最后一天的长城游更是其乐融融，热闹非凡，大家像老朋友似的说笑着登览长城，年轻人还进行了登长城比赛。公司王副经理在长城上即兴演说，把长城的历史同当今中国经济的繁荣结合起来，听得客人们群情激昂，振奋不已。客人们都表示，对这种形式的会议很满意。他们了解了公司的生产情况和公司产品的特点，在经销这种产品时就会有的放矢地介绍产品，增加了销售的积极性。因此，这次会上，公司签订的订单是出人意料得多。游长城回来后，还有单位同公司签订合同。

　　新产品咨询洽谈会结束了。公司送走了客人，进行会后总结。总结会上，公司总经理认为，这次会议开得很成功。会务筹备处的准备工作做得周密细致，会议的组织接待工作做得很好，为公司赢得良好的人气打下了基础。再加上新产品过硬的质量、专家精辟的讲解等，使得这次会议达到了预期的目的，获得圆满成功。王副经理也讲了话，他主要指出这次大会的一些疏漏之处，比如，在准备期间，把一个常识性的问题给遗忘了，那就是少数民族人员的就餐问题。虽说是一个小问题，但处理不好也会造成不良影响。幸亏发现及时、及早解决，才没有影响客户的情绪，使大会能顺利进行。他特别表扬了小张工作细致，发现问题及时反映，尽早解决。另外，会议简报出得不够及时，没有把会议上的情况及时通报给有关人员，尤其是最后签订合同的情况；这可能是会期结束，有些人员思想松懈造成的，以后要吸取这方面的教训。总结会上还通报了这次咨询洽谈会上的收获，80%的与会者都同公司签订了合同，超出了预计的数量。这也对公司下一步的工作提出了更高的要求。为此，公司上下都很高兴。总经理决定，对大会筹备处的人员每人奖励一个月的奖金。

　　你对该公司的这次会议满意吗？你认为哪些地方可取，哪些地方尚需改进？

拓展训练

　　针对学校的某大型会议进行一次评估，完成一份总结报告。

项目三

商务活动管理

项目简介

本项目涉及几种常见的商务活动管理事务,包括安排商务接待、做好商务会见与会谈、签字仪式的策划、办好信息发布会、筹备商务宴请、策划商务庆典、商务旅行的安排。旨在帮助学习者掌握商务活动管理的方法和必要的技能。

任务1　安排商务接待

一、任务描述

1. 商务接待是商务活动中的重要任务,一般该任务包括商务接待的准备工作及商务接待的实施。

2. 做好商务接待,首先,要掌握商务接待准备工作的具体事项;其次,掌握商务接待的实施过程及方法;最后,还应把握商务接待中的注意事项。

二、知识要点

商务接待一般建立在商业谈判或商业合作的基础上,它的礼仪规格比较高,目的主要有:扩大交往范围、为公司建立良好的社会交往、为举行会议和开展其他工作提供保障、解决公司实际问题。

1. **商务接待准备工作**

（1）收集来宾情况：来宾的基本情况，包括国别、地区、姓名、年龄、身份、职务、民族、信仰等；分析判断来访意图；掌握抵离的时间和日程安排，包括抵达航班号或车次、离开时间、是否有其他行程安排等。

（2）制作接待计划表：包括客人信息、接待时间、接待事由、接待规格（由哪位领导主陪、其他陪同者、住宿、用车、餐饮的规格）、接待日程、接待经费及接待人员安排等，如表3-1所示。

表3-1　××公司商务接待计划表

接待部门：＿＿＿＿＿＿＿＿＿负责人：＿＿＿＿＿＿＿＿＿

1. 客人信息：

姓　名	单　位	职　务	电　话

2. 接待时间：＿＿＿年＿月＿日至＿＿＿年＿月＿日共＿日

3. 接待事由：＿＿＿＿＿＿＿＿＿＿＿＿＿＿＿＿＿＿＿＿＿＿＿＿＿＿＿

4. 主陪领导：＿＿＿＿＿＿＿＿＿＿＿＿＿＿＿＿＿＿＿＿＿＿＿＿＿＿＿

5. 陪同人员：＿＿＿＿＿＿＿＿＿＿＿＿＿＿＿＿＿＿＿＿＿＿＿＿＿＿＿

6. 住宿、用车、餐饮的安排：

住宿：＿＿＿＿＿＿＿＿＿＿＿＿＿＿＿＿＿＿＿＿＿＿＿＿＿＿＿＿＿

用车：＿＿＿＿＿＿＿＿＿＿＿＿＿＿＿＿＿＿＿＿＿＿＿＿＿＿＿＿＿

餐饮：＿＿＿＿＿＿＿＿＿＿＿＿＿＿＿＿＿＿＿＿＿＿＿＿＿＿＿＿＿

7. 接待行程安排（附后）。

8. 经费预算：

	预算	备注
交通费		
住宿费		
餐饮费		
游览费		
礼品费		
宣传、公关费用		
合计		

部门负责人(签字)： 年 月 日

分管副总裁(签字)： 年 月 日

附：

接待行程安排表

接待部门：_____ 接待负责人：_____ 制表人：_____

日期/ 时间	接待事项	主陪	其他参加部门	地点
第一天 (月 日)				
第二天 (月 日)				
第三天 (月 日)				

（3）落实接待事项：预订宾馆、准备宴席、安排交通、布置安全保卫工作、选派陪同人员等。

2. 接待工作实施

（1）迎接客人

迎接客人可以采用两种方法：一是主陪人亲自前往机场或车站迎接；二是主陪人在宾馆等候，派副职前往机场或车站迎接。

迎接时应根据来访团体的人数和接待规格确定用车。接待规格高、人数较少的用小轿车;人数多的团体可用大轿车;也可大小轿车都用,小轿车接主宾,其他人乘坐大轿车。

以双排五座的小轿车为例介绍乘车礼仪:

若驾驶者为专职司机,座次依次为:后排右座、后排左座、后排中座、前排副驾驶座。若驾驶者为主人,座次依次为:前排副驾驶座、后排右座、后排左座、后排中座。

(2)按照接待日程安排进行接待。

包括安排好来宾的工作事宜,如会见、会谈、参观等;安排好来宾的生活,如住宿、餐饮、车辆等;安排好来宾的业余活动,如游览。

(3)欢送客人。

首先,主陪及其他陪同人员应提前到客人下榻的宾馆去话别,时间不用过长,半小时内为宜;其次,应告知客人送行的人员、车辆及时间安排;最后,安排相关人员去机场或车站送行。

(4)电话回访:了解客人对公司的产品及企业形象等方面的意见,及时上报公司以便改进。

3. 商务接待工作注意事项

(1)接待无小事。对客人要礼貌、热情、真诚、服务周到、细致,树立单位良好形象。

(2)如果本单位有接待方面的规章制度,秘书应严格遵照执行,不得擅自更改接待标准。

(3)要注意了解来宾的饮食和生活习惯,特别是与宗教相关的饮食忌讳。

(4)接待过程中要做好保密工作。

三、任务实施

任务布置

某日,朝阳贸易有限公司秘书钟苗接到行政经理谢飞的邮件,邮件中写道:

钟苗:

2013年2月28日(下周四)公司总部副总裁王明一行五人将来我公司视察。视察内容包括:听我公司领导述职(上午9:00—11:00在公司主楼第二会议室);中午11:30—12:30在公司宾馆餐厅海王星厅就餐,我公司陪同人员有我公司总经理、两位副总经理、办公室主任、公关部部长、总经理秘书纪颖,共

6人；出席我公司科技人员获国家科技奖表彰大会（在公司礼堂举行，下午13：30—15：00）；检查实验大楼的建设情况（15：20—16：20在工地现场）；晚餐17：00—19：00举行（地点同中午）。此次活动主陪人为公司总经理、两位副总经理、办公室主任及秘书。请你拟定一份接待计划（包括具体日程安排）。

行政经理 谢飞

2013.2.22

🌸 任务指导

　　钟苗首先要收集来宾的信息，确定来访的意图是视察工作，掌握抵离的时间和日程安排，包括抵达航班号或车次、离开时间、是否有其他行程安排等。然后根据邮件中的信息拟写接待计划和日程安排。接待计划表中：客人信息为来访五人的姓名、单位、职务、电话；接待时间为2013年2月28日；接待事由为总公司视察工作；由公司总经理主陪，其他陪同者按邮件进行安排；住宿、用车、餐饮的规格应提高，并附上具体的接待经费预算。接待日程按邮件要求进行具体安排。

🌸 任务评估

　　评价方式：学生自评、教师评价（评价过程可采用评价表格进行，如表3-2所示）。

　　评价依据：

　　客人信息填写准确无误；接待时间和事由符合邮件要求；主陪及其他陪同人员安排符合邮件要求；住宿、用车、餐饮安排合理；接待经费预算详细；接待日程安排符合邮件要求且安排具体。

表3-2　接待计划的拟定评分表

任务：接待计划的拟定							
姓名：　　　　　　指导教师：							
客人信息（5分）	接待时间和事由（5分）	主陪及其他陪同人员安排（10分）	住宿、用车、餐饮安排（20分）	接待经费预算（20分）	接待日程安排（40分）	自我评价（30%）	教师评价（70%）

四、实践训练

☞案例讨论

1. 甲乙两企业都是天地公司的合作单位,一次甲企业的副总经理到天地公司商谈业务,天地公司的陈经理为了表示友好和重视,出面接待,全程陪同。不久乙企业也派了一位副经理来天地公司,陈经理因工作太忙,就让赵副经理出面接待。乙企业已知道是陈总经理接待的甲企业,非常不高兴,认为天地公司对他们不尊重,没有诚意,本来想商谈的项目就先不谈了。

请指出天地公司的问题所在。

2. 天地公司的实习秘书桑正在机场顺利接到公司的客户,客人一男一女,男的是某单位主管,女的是一般员工。桑正首先做自我介绍并主动热情地伸出右手和他们握手,表示对他们的欢迎。在礼貌地征询客人的同意后,帮助客人提拿大件行李并靠左引导客人乘车。桑正打开车前门,以手示意,请男客人坐在副驾驶位置上,并说"请您坐在这个位置上,这儿视野开阔,光线也好。"之后又打开车左后门,向女宾说道:"请您和我一起坐在后排座位上好吗?"女宾服从其安排。之后,司机驾车载主客三人去公司,一路无话。

请指出桑正在接待时正确和错误的地方。

拓展训练

接待外宾时应注意哪些原则和礼仪? 请查询相关资料并列出提纲。

➡ 任务2　做好商务会见和会谈

一、任务描述

1. 商务会见和会谈是商务活动的重要事务之一,通过会见、会谈,可以广交朋友,扩大单位在社会上的影响,是单位进行各项工作的基础。该事务一般包含会见会谈的准备及会见会谈的实施。

2. 做好商务会见和会谈,首先,应了解会见会谈的含义;其次,应掌握会见会谈准备工作的具体事项;另外,还应掌握会见会谈的实施程序。

二、知识要点

1. 会见与会谈的含义

会见是指双方见面会晤、交换意见,也叫会晤。会见因身份高低不同有不同的称呼:身份高的会见身份低的称为接见和召见,反之则称为拜见和谒见。会见分为礼节性、事务性和政治性三种。企业常用的会见主要是社交上的礼节性会见和涉及业务商谈、经贸洽谈等内容的事务性会见。政治性会见一般涉及双边关系及重大国际事务等。

会谈是指双方或多方以平等的身份为达成某项协议正式交换意见,其内容既可以是重大的政治、经济、外交、军事、文化问题,也可是具体的业务和技术性问题。会谈就内容而言比会见更正式些,政治性或专业性也更强。

2. 会见和会谈的准备工作

(1) 确定议题和明确目标

会见的目标一般是为了互通情况、沟通立场、消除分歧、确定原则。会谈的目的则比较具体,往往是为了达成某个协议。应当根据双方的实际情况确定会谈的具体目标,包括最高目标和最低目标。在商务会谈中,最低目标就是价格底线。

(2) 收集信息和分析双方材料

秘书在会见和会谈之前,应通过各种渠道了解对方的各种信息、对方的意图和背景以及人员组成、谈判底线和可能提出的条件等,帮助领导制定我方策略。

(3) 确定与会人员

一般而言,会见人员不宜过多,主谈人员由最高领导担任。会谈人员的确定应根据会谈内容和会谈规格确定。会谈人员的组成,应该包括主谈人、专业人员、翻译和秘书(兼记录员)。如对方有高级领导出席,那么己方也应安排相应领导出席会见会谈。

(4) 确定地点和时间

会见会谈之前,对会见会谈的场所应作合理的安排。如果是接见和召见,一般安排在主人的办公室、会客室。如果是回拜,则会见会谈的场所最好选择在离客人下榻处最方便的地方。如客人安排在宾馆,那么可借用宾馆的会议厅或会客室作为会见会谈的地点。

礼节性的会见一般安排在客人到达后的第二天或宴请之前,其他会见则可根据需要确定时间。会谈的时间安排应先征求对方意见,互相协商好后可制定日程表,等客人到后人手一份。

（5）座次安排

首先,会见的座次安排。

原则:主左客右;记录人员和翻译人员坐在主人和主宾后面。

会见座次安排如图3-1和图3-2所示。

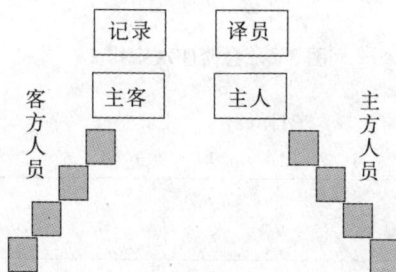

图3-1　会见座次安排1

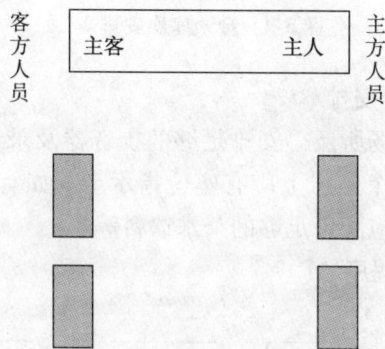

图3-2　会见座次安排2

其次,会谈的座次安排。

原则:主左客右;围桌(长廊形、椭圆形、圆桌型)而坐;相对而坐。

座位安排以门为准:主人背门而坐,客人面向大门;长方形桌子一端向正门,以入门方向为准,主左客右。

会谈座次安排如图3-3和图3-4所示。

正门

客方

主方

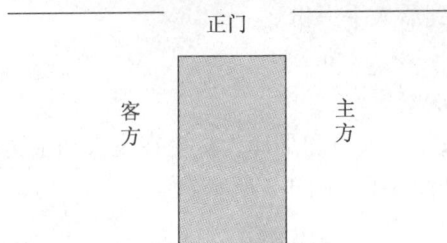

图 3-3 会谈座次安排 1

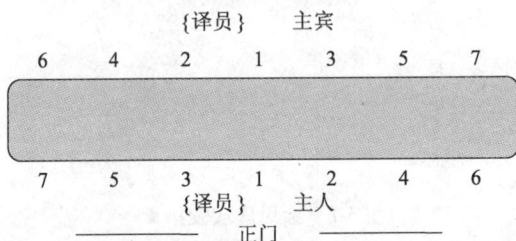

{译员}　主宾

6	4	2	1	3	5	7

7	5	3	1	2	4	6

{译员}　主人

正门

图 3-4 会谈座次安排 2

（6）会见会谈场所安排

除以上座位安排,场所还得安排足够的扩音器及录音录像设备。事先准备好足够的椅子,在每个座位上应有座位指示卡。如有外宾,应备有中外文指示卡。会谈场所,还应配备足够的茶水饮料等。

3. 会见和会谈的程序

基本程序:

迎接 → 合影 → 会见或会谈 → 送别

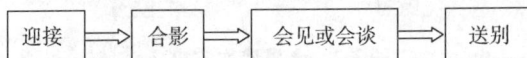

迎接:会见、会谈时,主人应提前到达,并在门前迎接客人。主人可以在大楼正门口迎候,也可以在接见厅、会见室门口迎候。如主人不到大门口迎候,应由工作人员在大楼门口迎候客人,并引入会见厅。

合影:应事先安排好合影图,设计好每个人所站的位置。人数较多时,应准备合影架,使后排高于前排。

会见或会谈进行时,秘书要做好记录和翻译和记录,应做到全面、准确、清晰、快速。

送别:会见、会谈结束后,主人应将客人送至门口或车前,握手道别,目送客人离去。

一般会谈结束后,均要形成一个会谈纪要,由双方会谈代表签名盖章才能生效。

三、任务实施

任务布置

天地公司是一家大型中外合资企业,主要经营电子软件。春天集团公司经理伍总因公司发展需要需与天地公司经理张伟就某项软件开发的合作问题进行会见、会谈,此次会见、会谈工作主要由天地公司秘书高山组织安排。

请根据要求安排和准备会见、会谈工作,并演示会见、会谈整个过程。

任务指导

关于会见的准备工作,首先秘书高山应与其领导张伟确立目标为沟通。有了良好的沟通才有继续会谈的可能。其次,高山应该收集对方在软件开发合作方面有何意向、是否曾与其他公司合作开发过软件、有何条件等信息,以备己方参考;同时考查对方开发软件的实际能力,了解并分析对方的人员组成、谈判底线,寻找其有何弱点可供己方利用;调查此项软件开发的相关信息,分析其与己方合作的可能性。由于对方参加人员为公司经理伍总,由此确定己方参加人员为公司经理张伟,并配备相应陪见人员及秘书人员。另外,高山应与对方秘书协商好时间地点,由于此次会见是对方要求与己方合作,因此可选择在己方公司的会客室。最后,布置座位,应安排己方公司经理张伟坐在伍总的右边,高山自己坐在张伟后面,其他人员依次坐在张伟右边。

关于会谈的准备工作,首先,会谈的议题与目标为商讨合作开发软件的具体事项;其次,收集信息和分析双方材料,这时应了解对方开发软件的能力及被开发软件的市场,了解对方的资金支持和技术支持如何等;再次,确定参加人员,因会谈涉及比较具体的技术问题,这时候会谈的主谈人可由张伟担任,也可由公司的技术总监担任,其级别应与对方对等,并配备相应专业技术人员及秘书。会谈的时间由秘书高山与对方秘书协商后确定,地点可选择在伍总所住宾馆的会客室。会谈的座位可布置成长方形,张伟坐在背对正门的地方,伍总坐在张伟对面。如果会谈长桌的一端向着正门,则以入门的方向为准,张伟坐在左边,伍总坐在右边。其他人员则按照右高左低的规则排列,高山坐在在两端或后排。

关于会见、会谈的演示提示:会见、会谈时,张伟应提前到达,在公司门口迎候,高山陪同;或者高山在门口迎候,张伟在会客室等候。会见结束后,高山应陪同张伟将伍总送至门口或车前,握手道别,目送客人离去。

🌸 任务评估

评价方式:学生自评、小组评价、教师评价(评价过程可采用评价表格进行,如表3-3所示)。

评价依据:

首先,准备工作充分,议题和目标明确,收集信息和分析双方材料的工作细致,人员、时间和地点的确定符合要求,会见会谈的座次安排正确;其次,会见会谈的演示过程规范,演示用语到位,体现了一定的职业礼仪;最后,具有一定的应变能力和团队合作精神。

表3-3　商务会见与会谈的安排与演示评分表

任务:商务会见与会谈的安排与演示								
组长:			组员:			指导教师:		
准备工作 (40分)	演示步骤 (20分)	演示用语 (10分)	职业礼仪 (10分)	应变能力 (10分)	团队合作 (10分)	自我评价 (20%)	小组评价 (30%)	教师评价 (50%)

四、实践训练

👉 案例讨论

1. 红光公司董事长王某及生产部部长一行6人到某地考察时,礼节性地拜访了与公司有着密切合作关系的天地集团董事长。该企业的董事长秘书小李负责这次会见工作。她把王某安排在主人的左手一侧,会见时王某一脸的不开心。合影时,因人多杂乱,只能在相片的边上找到王某等人。结果红光公司与天地集团的合作越来越疏远。

思考:红光公司与天地集团的合作为什么越来越疏远?

2. 一天下午,天地公司要与外地某企业进行会谈,会上欲就双方技术合作事项达成协议。初萌作为该公司的秘书,做了大量的准备工作。但就在临近中午时,初萌发现有关质量监督管理方面的资料没有准备。她急忙通过各种方式查找这类资料,资料终于找到了,可会谈也开始了,初萌只好提心吊胆等待会谈结果。会谈开始后,双方就事先准备好的协议草案展开了充分讨论,最后,外地某企业提出了质量监督管理方面的问题,因为这对于此次项目的合作有着重要意义。然而,由于天地公司代表手中缺乏此方面材料,无法给对方满意的答复,会谈没有取得实质性进展。

　　思考:为什么会谈没有取得结果? 秘书能否采取一些应急性措施?

📖 **拓展训练**

请上网查询有关商务谈判的策略和技巧。

任务3　签字仪式的策划

一、任务描述

　　1. 签字仪式是商务活动中常见的比较隆重的活动,是双方组织最终达成共识的一项重要活动仪式,一般该任务的工作内容包括:签字仪式的准备、签字仪式方案的拟写、签字仪式的具体实施。

　　2. 做好签字仪式。首先,要了解签字仪式的含义;其次,掌握签字仪式准备工作的具体要点;再次,应掌握签字仪式方案的结构和写法;最后,掌握签字仪式的具体实施过程。

二、知识要点

　　签字仪式是双边或多边经过会谈、协商,形成某项协议或协定,再互换正式文本的仪式。它是一种比较隆重的活动,礼仪规范比较严格。

　　主要事务工作如下:

　　1. 签字仪式的准备

　　(1) 文本的准备。双方所签文本通过谈判定稿,如果是涉外谈判,还要准备中文和外文两种文本。文本必须经过严格地校对,然后印刷、装订、盖印。文本分正本和副本:正本用于签字后双方保存,制作两本;副本的数量则根据实际需要确定。

　　(2) 确定主签人员与参加人员。主签人员可以是双方参加谈判的主谈人,也可以是更高级别的领导作为主签人员以示重视。双方主签人员的身份应当大致对等,并具有法定的全权代表资格。其他参加人员一般为参加谈判的人员。但主方如果为了表示对谈判结果的重视,也可由地位较高的领导参加签字仪式,以示鉴证。

(3) 商定助签人。助签人主要负责帮助主签人在签字时翻开文本,指明需要签字之处。在涉外签字仪式中的文本由中外文印成,各方签字的位置不同,一旦签错,就会导致签字仪式的失败,因此助签人必须是参加了谈判的全过程及文本的整理、起草、制作等工作的人员,并且熟悉业务,认真仔细,忠实可靠。

(4) 致辞人。一般由签字各方身份最高的领导分别致辞,有时也可安排上级机关或协调机构的代表致贺词。

(5) 主持人。如果签字仪式中安排致辞、祝酒等活动,应当有一位主持人介绍致辞人的身份。主持人一般由主办方派有一定身份的人士担任。

(6) 主客方嘉宾及记者。

(7) 现场布置和物品的准备。

① 签字桌。如双边签字,一般设长方桌,桌后放两把椅子,为双方签字人员的座位;如三方签字,则加长桌子,增加座位;多方签字可将桌子摆成圆形。客方座位应在主方的右边。

② 国旗。涉外签字仪式要挂双方国旗。国旗可按照主左客右交叉插在签字桌中央的旗架上,也可以分别插于两边或并挂在墙上。多方签字时,则插在各方座位签的桌上。

③ 文具。准备好签字用的钢笔、墨水和吸墨器。

④ 文本。各自保存的文本置于各方座位前的桌子上。

⑤ 助签人和参加人员位置。助签人应站在各自主签人的身后外侧,其他参加人员按主左客右和身份高低分两边站立于后面,也可排座位就座于签字桌的前面或两侧。人数较多时,可分作若干排。

⑥ 香槟酒。为庆贺会谈成功,在签字仪式结束后,双方用香槟酒举杯共庆。

2. 签字仪式现场布置图

签字仪式现场布置图如图 3-5 所示。

会标：用中英文书写，电脑投影

| 客方嘉宾 | 主方嘉宾 |

助签　客方签字人　　主方签字人　助签

讲台

翻译席

客方文本　　主方文本

| 客 | 方 | 嘉 | 宾 | 主 | 方 | 嘉 | 宾 |

| 媒 | 体 | 记 | 者 | 观 | 摩 | 嘉 | 宾 |

| 客 | 方 | 代 | 表 | 主 | 方 | 代 | 表 |

| 客 | 方 | 代 | 表 | 主 | 方 | 代 | 表 |

签到处

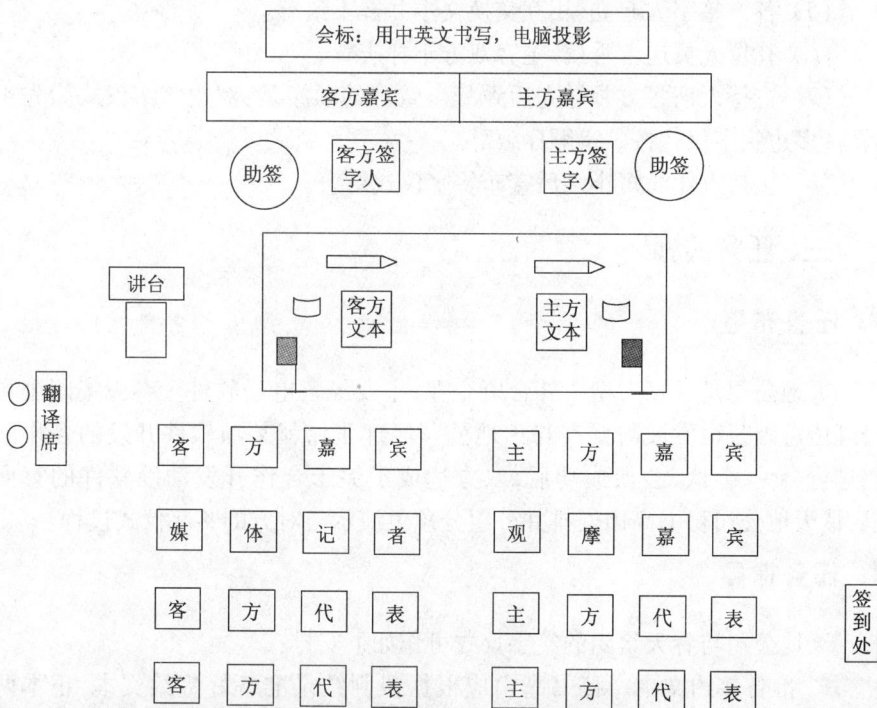

图 3-5　签字仪式现场布置图

3．签字仪式方案的结构和写法

（1）标题。由签字仪式的名称和方案（策划书）组成。

（2）正文。以序号加小标题的方式逐项、清楚地表述签字仪式的时间、地点、参加对象、文本准备、现场布置与物品准备、签字仪式程序等内容。

（3）附件。有些现场布置的效果图可用附件补充说明。

（4）落款。写提交方案的机构名称。

（5）成文日期。写提交的日期。

4．签字仪式程序

（1）签字各方参加人员在工作人员的引导下进入预定的位置。

（2）主持人向全体参加人员介绍签字各方的主要领导以及其他贵宾。

（3）主持人宣布签字仪式开始。

（4）签字。助签人翻开文本，指明签字处，签字人在己方保存的文本上签字。然后助签人合上文本，在签字人的身后互相交换文本。助签人打开对方保存的文本，指明签字处，请签字人逐一签字，再用吸墨器吸干。

（5）各方签字人起立,相互交换文本并握手致意。

（6）礼仪人员递上香槟,主客双方干杯庆贺。

（7）主持人请各方领导先后致辞。致辞的顺序是:双边签字仪式为先主后客,多边签字仪式按签字顺序致辞。

（8）主持人作简短小结后宣布签字仪式结束。

三、任务实施

🌸 任务布置

天地公司是一家大型中外合资企业,主要经营电子软件。春天集团公司经理伍总因公司发展需要需与天地公司经理张伟就某项软件开发的合作问题进行会见、会谈,会谈成功后,双方达成了关于合作开发动漫软件的意向书,请天地公司秘书高山安排并分组分角色演示与对方的签字仪式过程。

🌸 任务指导

天地公司与春天集团的签字仪式可作如下安排:

1. 准备签约文本。秘书高山应根据谈判结果准备好签约文本,正本两份,副本若干。文本的内容应该是在双方充分讨论、平等协商、达成共识的情况下形成,表达应清晰、周密。

2. 确定主签人员与参与人员。秘书高山可由对方主签人为伍总从而确定己方主签人员为公司经理张伟;参与人员可与参加会谈的人员一致,也可邀请更高级别的领导参加。

3. 商定助签人。助签人可商定为秘书高山,因为他最为清楚文本的起草及制作,而且全程参与了文本的商讨和签订。

4. 现场布置和物品准备。现场应布置长方桌,铺好深绿色的台布。桌后放好两把椅子,客方座位安排在主方的右边。将准备好的两份签约文本正本放在各方座位前的桌子上,签字笔横放在文本的下方,吸墨器放在文本的外侧。可准备香槟酒。

演示程序安排如下:

1. 安排助签人和参加人员的位置。助签人即秘书高山站在张伟身后外侧,对方助签人站在伍总身后外侧。其他参加人员按照主左客右和身份高低分两边站立于后面。

2. 安排双方主签人按预定位置入席。

3. 主持人介绍双方参会人员,宣布签字仪式开始。

4. 助签人高山为张伟翻开文本,指明签名之处,请张伟签字,再用吸墨器吸干。

5. 在各自保存的文本上签字完毕后,助签人高山与对方助签人互换文本,再由主签人在对方保存的文本上逐一签字。

6. 签字完毕,张伟和伍总起立,交换文本,相互握手致意。

7. 礼仪人员递上香槟,主客双方举杯庆贺。

8. 主持人请双方领导作简短致辞。

9. 主持人作简短小结后宣布签字仪式结束。

任务评估

评价方式:学生自评、小组评价、教师评价(评价过程可采用评价表格进行,如表3-4所示)。

评价依据:

首先,准备工作到位,签约文本准备充分;主签人员、助签人、参会人员的确定符合要求;现场布置和物品准备齐全。其次,签字仪式的演示过程规范,演示用语到位,体现了一定的职业礼仪。最后,体现出一定的应变能力和团队合作精神。

表3-4 签字仪式的安排与演示评分表

任务：签字仪式的安排与演示								
组长：			组员：			指导教师：		
准备工作(40分)	演示步骤(20分)	演示用语(10分)	职业礼仪(10分)	应变能力(10分)	团队合作(10分)	自我评价(20%)	小组评价(30%)	教师评价(50%)

四、实践训练

案例讨论

宏达公司与天地实业达成了合作协议,宏达公司总经理刘总要求秘书小文安排一下签字仪式。到了签字仪式那天,小文将签字文本随意摆放在了桌子上,然后安排大家随意入座,会场闹哄哄。等到领导入席签字时才发现没有签字笔,小文就将自己随身携带的圆珠笔递给了领导,又给对方领导随便找了一支中性笔。签字完毕后,小文由于站在领导内侧,使得领导被远远挤开,站在一边观看她与对方助签人交换文本。刘总对小文这次的表现很不满意。

思考与分析:小文错在哪些地方?应该怎么做?

拓展训练

1. 利用课余时间,上网查找签字仪式的现场图,找出其中的不规范之处。
2. 讨论并分析签字仪式中的礼仪问题有哪些?

任务4　办好信息发布会

一、任务描述

1. 信息发布会是商务活动的重要形式,是企业谋求新闻界对某一事件客观报道的行之有效的手段。秘书应完成的主要工作有:筹备信息发布会、制订信息发布会策划方案、信息发布会的实施。

2. 办好信息发布会。首先,应熟练掌握信息发布会的准备工作;其次,熟悉信息发布会的策划方案的制订;另外,应掌握信息发布会的开会流程。

二、知识要点

信息发布会是一个社会组织为直接向新闻界发布有关组织信息、解释组织重大事件而举办的活动。

1. 信息发布会的准备

(1) 确定信息发布会的主题。信息发布会的主题大致有两类。

① 说明性主题。如企业推出新产品、企业经营方针发生改变等,此时,信息发布会主要是对外宣布决定。

② 解释性主题。如企业产品质量出现了问题、企业发生了重大事故等,此时,信息发布会主要是对所发生的事件进行解释。

(2) 选定信息发布会举行的时机。时机选择是否理想对信息发布会的效果有着重要影响。适于举办信息发布会的时机有:公司及产品(服务)已成为公众关注问题的一部分;公司或其成员已成为众矢之的;新产品上市;开始聘用某大腕明星做自己的广告模特或代言人;公司人员重大调整;公司扩大生产规模;公司取得最新纪录的销售业绩;等等。

选定时机时要注意避开节日与假日,避免与重大社会活动相冲突,防止与新闻界的宣传报道重点相冲突。

(3)确定信息发布会举行的地点。可考虑的地点有:本单位所在地;事件发生地;当地著名的宾馆、会议厅等;发布会现场还应考虑交通是否方便,采访条件是否优越,照明设备是否完好、齐备,座位是否够用等。

(4)确定邀请的对象。应根据信息发布会的主题确定邀请对象。

新闻记者是信息发布会的主宾之一,邀请哪些记者参加应根据信息发布会的性质而定。如果是为了扩大影响和知名度,可以多种类、多层次地多邀请记者;如果只是进行宣传解释,则邀请面可小些。此外,广告公司、客户、同行等也是受邀请的对象。拟订详细的邀请名单,提前7~10天发出邀请,临近开会时还应打电话联系落实。

(5)选择信息发布会的主持人和发言人。信息发布会的主持人大都由主办单位的办公室主任或秘书长、公关部部长担任。信息发布会的发言人通常由本单位的领导者担任,因领导者对本单位的方针、政策及各方面情况比较了解,所以由他们回答记者的提问更具权威性。

(6)准备会议材料。信息发布会应准备以下4方面的材料:

① 发言人的发言稿。发言稿既要紧扣主题,又要全面、准确、真实、生动。

② 回答提纲。为使发言人在现场回答问题时表现自如,可事先预测一下记者将要问到的问题,并准备好答案。

③ 报道提纲。可事先将报道重点、有关的数据、资料编印出来,作为记者采访报道的参考资料。

④ 其他辅助材料。如图片、实物、模型、录像、光盘等,目的是增强发言人的讲话效果,加深与会者对会议主题的认识和理解。

(7)预算会议所需费用。根据信息发布会的规格和规模做出可行的经费预算。费用项目一般有:场地、会场布置、印刷品、茶点、礼品、文书用品、音响器材、邮费、电话费、交通费等。需要用餐时还应加上餐费。

(8)其他准备工作。如会场的布置、音响设备的调试、礼品的准备、座次的安排、工作人员胸卡的制作以及与会人员的仪态举止训练等。

信息发布会方案例文如下所示:

××时装信息发布会方案

一、活动时间:2013 年 10 月 10 日

二、活动地点:××酒店 1 号会议大厅

三、发布会主题:宣传春夏装设计和款式,订货会;联系老朋友,结交新朋友;增进与传媒的相互了解,扩大宣传效应;展示实力。

四、主办:××时装公司

五、协办:××酒店

六、媒体人员:

江苏卫视、江苏城市频道、镇江城市频道等 5 家电视台 10 人;

江苏人民广播电台、镇江交通广播电台等 3 家电台 6 人;

扬子晚报、京江晚报等 4 家报社 8 人;

南京网、my0511 网、镇江论坛等 5 家网站 5 人。

七、活动内容:

13:00—13:30 记者签到;

13:30—14:30 时装表演;

14:30—15:00 设计师讲解理念、效果;

15:30—16:00 嘉宾试穿展示,3~5 位嘉宾穿新装展示,并由观众作出评价,发最佳效果奖;

16:00—16:20 礼物抽奖,5 个奖项;

16:20—16:30 领导讲话;

16:30 结束。

八、经费预算,如表3-5 所示。

表 3-5　经费预算表

序号	内容	单价/元	数量	总价/元	备注
1	场地租金	2000	1	2000	协办单位提供
2	会场布置	1000		1000	协办单位提供
3	印刷费	300	30	9000	
4	礼品	1000	5	5000	
5	记者交通费	200	29	5800	
总计: 贰万贰仟捌佰元整				22800	

九、会场布置要点,如表3-6所示。

表3-6 会场布置要点

地 点	布置的内容及要求
酒店外围	酒店外横幅、竖幅、飘空气球、拱形门等
大厅门前	条幅、地毯
大厅内部	主题背景板(含主题、日期、城市,颜色,字体美观大方)、投影设备、音响、胸部麦克风、远程麦克风、主席台、演讲台,布置细节如台布、桌旗、桌贴、椅贴等

××时装公司公关部

2013 年 9 月 10 日

3. 信息发布会的实施

信息发布会的实施流程:

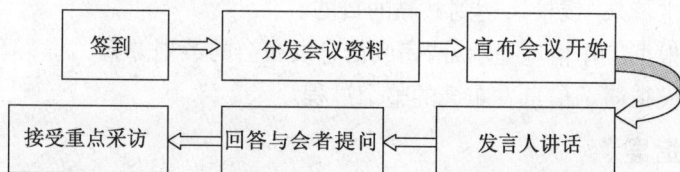

分发会议资料:应发给每位来宾一个事先准备好的资料袋,其中有信息发布稿、技术性说明(必要时发放)、主持人的传略材料和照片以及会上要展示的产品或模型的照片。

宣布会议开始:会议开始时,主持人应简要说明召集会议的目的、所要发布的信息或事件发生的背景和经过等。

回答与会者的提问:主要回答记者及客户的提问。

4. 发布会后工作

发布会结束后,应在一定时间内对其进行一次认真的评估。

三、任务实施

✿ 任务布置

北国商品城坐落在经济强市××市繁华商业街上。该商城总投资 2 亿元,总建筑面积 20 万平方米,拥有 1000 多间铺位,是一个集物流、小商品批发、生活娱乐、电子商务等各项功能为一体的大型批发市场,年交易额 50 亿元以上,现已成为××市的采购中心、物流中心、商贸中心。

为了进一步打响北国商品城的品牌,商城邀请金盛策划公司进行策划设计。金盛策划公司为其设计了"热情、豪放、超越"的企业理念,并形成了系统的 CI 识别系统,充分体现了商品城领导的高瞻远瞩和策划大手笔。

2012 年 12 月 25 日,北国商品城在名都大酒店举办新闻发布会,向社会隆重推出 CI 识别系统。到会人员有市、局级主管商业的领导,社会知名人士,业主代表。在新闻发布会上,北国商品城的吴总经理介绍了商城的情况及今后的经营规划;公关部经理孔丽向与会人员宣读了 CI 宣言,并展示了部分 VI 设计。M 市程副市长莅临到会祝贺,他对北国商品城所取得的成就充分地予以肯定。金盛策划公司首席设计师张娜对设计意图进行了说明。新闻发布会上,记者提问十分踊跃,对商城领导并就商城发展前景进行了采访。本次新闻发布会由北国商品城行政部经理洪瑶主持。

与会人员相信,随着商城 CI 的导入,北国商品城将更具知名度,而且能为更多的业主带来"钱景",达到共赢的目的。

(1) 根据工作情境提示,请完成信息发布会的策划方案。

(2) 模拟演示信息发布会的整个过程。

❀ 任务指导

首先,关于信息发布会的策划。根据情境,应包含活动时间、活动地点、活动主题、主办单位、协办单位、邀请的媒体人员、活动内容和经费预算、会场布置要点。

其次,有关信息发布会的过程演示。可将全班学生进行分工,分别扮演主持人、程副市长、吴总经理、孔经理、张娜设计师及记者,按要求进行演示;新闻媒体的名称由同学自拟,采访用的话筒、身份牌由学生自行准备;发言材料及提问根据情境材料设计,允许在此基础上做适当的延伸和扩展;根据情境提示的资料模拟演示信息发布会的场景;要求每位发言人都以相对应的身份角色发言,每位记者都应提问。

❀ 任务评估

评价方式:学生自评、教师评价(评价过程可采用评价表格进行,如表 3-7 所示)。

评价依据:

首先,信息发布会策划方案的制订:结构规范,应包含标题、正文和落款;

内容齐全,应包含活动时间、活动地点、活动主题、主办单位、协办单位、邀请的媒体人员、活动内容和经费预算;语言组织流畅;具有一定的可操作性。

其次,信息发布会的演示:现场布置效果好;人员安排合理;发布会过程规范;演示过程中体现了一定的职业礼仪和团队合作精神。

表3-7 信息发布会的策划与演示评分表

评价事项	评分要素	分 值	自我评价(30%)	教师评价(70%)
信息发布会策划方案的制订	结构	50		
	内容			
	语言组织			
	可操作性			
信息发布会的演示	现场布置效果	50		
	人员安排			
	发布会过程			
	职业礼仪			
	团队合作			

四、实践训练

案例讨论

为开拓市场,增强竞争力,米亚化妆品有限公司成功研制出本草汉方抗敏系列产品。为推广这种新产品,公司高层决定召开一次新产品信息发布会,届时将邀请全国有关客户及各媒体记者参加。为办好此次新闻发布会,公司高层将此任务交给了经验丰富的市场部经理王琳及董事长秘书钟苗。在王琳的组织和协调下,发布会工作进入紧张的筹备阶段,王琳给如下人员进行了工作分配:

1. 钟苗负责发布会方案制订。
2. 张叶负责联络新闻媒体记者。
3. 高心负责拟写发言稿及其他文字材料。
4. 初萌负责发布会的事务性工作。
5. 于华负责财务预算。
6. 王琳全权负责此次发布会的各项工作。

请问:以上工作安排是否全面? 在信息发布会的筹办中还应注意哪些细节?

利用课余时间,前往企业观摩一次信息发布会。

任务5　筹备商务宴请

一、任务描述

1. 商务宴请是在商务活动中进行交往、团聚时的活动,它不是随随便便地请客吃饭,而是有一整套的讲究。该任务一般包括:商务宴请的准备、安排好商务宴请的桌次和座位、商务宴请的实施。

2. 做好商务宴请,必须熟悉和了解商务宴请准备的具体事项;掌握安排宴请的桌次和座位的方法;掌握宴请的实施程序;熟悉宴请的礼仪。

二、知识要点

宴会是盛情邀请宾客宴饮、应邀赴宴的聚会,是人际交往活动中常见的一种社交活动。

1. 商务宴请的准备

商务宴请的准备流程:

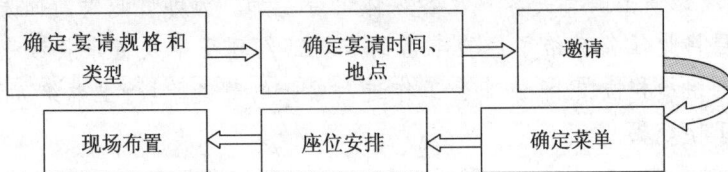

```
确定宴请规格和     →    确定宴请时间、    →    邀请
类型                   地点                      ↓
                                                ↓
现场布置     ←    座位安排     ←    确定菜单
```

(1) 确定宴请规格和类型

应根据宴请的目的和主宾的身份地位、职务级别来确定宴请的规格。

国际上通用的宴请形式有宴会、招待会、茶会、工作餐等。

宴会:是指以宴请为形式的一种重要的社会应酬,按隆重程度、出席规格,可分为国宴、正式宴会、便宴和家宴。按举行时间,又有早宴、午宴、晚宴之分。一般晚宴较之早宴和午宴更为隆重、正式。按地域特点,分为中式、西式宴会。

招待会:是指各种不配备正餐的宴请类型,一般备有食品和酒水,不排固定席位,可以自由活动,常见的有冷餐会和酒会。

茶会:是一种简便的招待形式,一般在下午四时或上午十时左右举行。地点通常设在客厅,厅内摆放茶几、座椅,不排坐席。

工作餐:是国际交往中常用的非正式宴请形式,主客双方利用共同进餐的时间边吃边谈。工作餐的时间较为灵活,早、中、晚皆可进行。这种宴请形式既简便又符合卫生标准,特别是在活动日程紧张时,它的作用尤为明显。

（2）确定宴请时间、地点

宴会的时间要提早确定,具体安排须根据主宾双方情况而定,不应与宾客工作、生活、风俗禁忌发生冲突。

宴会的地点一般安排在宾馆或酒店内,可选择通风良好、布置高雅、宽敞明亮的包间或宴会厅。

（3）邀请

宴会邀请可口头邀请或书面邀请。

口头宴请:可提前 2 至 3 天,邀请时将活动的目的、邀请的范围、时间、地点告知对方,然后等待对方答复。邀请时,语气要恳切,表述要清晰准确。

书面邀请:通过发送请柬的方式,将宴会活动内容告知对方。一般应提前 1 至 2 周,以便被邀请方及早做出安排。

请柬的制发:内容要完整,包括活动主题、形式、时间、地点、主人姓名;印制要精美;文字要简洁;措辞要热情。

请柬示例如下:

×××先生（女士）:

为欢迎×××先生的到来,谨定于××××年××月××日（星期×）晚×时在××酒店×楼×××厅举行宴会。

敬请光临!

××公司

总经理:×××

××××年××月××日

（4）确定菜单

首先,考虑客人的禁忌,要提前向主宾征询。点餐的禁忌一是职业禁忌;二是口味禁忌,即纯粹客人个人不吃的东西;三是民族禁忌,即客人的民族忌食的东西;四是宗教禁忌;五是健康禁忌,即出于健康原因不能吃的东西。

其次,作为主办方要考虑想让客人吃什么。在邀请外宾时可以考虑中餐特色菜,如有明显中国特色的菜品,如饺子、炸春卷、煮元宵等。在宴请外地客人时可选择本地特色菜,如西安的羊肉泡馍,湖南的毛家红烧肉,北京的烤鸭、涮羊肉。还可选择一份本餐馆的特色菜,说明主人的细心和对客人的尊重。

(5)席位安排

便宴、酒会一般不排座位,由宾客自由入座。正式宴会都要事先依据礼宾次序排定桌次和座次,以示对来宾的尊重。

关于中式宴请的桌次安排:

中式宴会通常8~12人一桌,人数较多时也可以平均分成几桌。宴会不止一桌时,要安排桌次。具体原则如下:

① 以右为上。当餐桌分为左右时,以面门为据,居右之桌为上(如图3-6)。

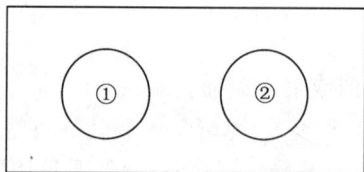

图 3-6　中式宴请桌次安排 1

② 以远为上。当餐桌距离餐厅正门有远近之分时,以距门远者为上(如图 3-7)。

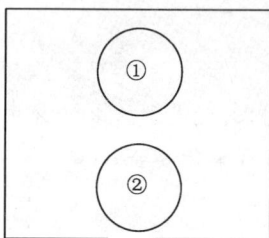

图 3-7　中式宴请桌次安排 2

③ 居中为上。多张餐桌并列时,以居于中央者为上(如图 3-8)。

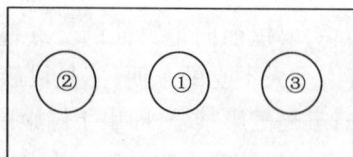

图 3-8　中式宴请桌次安排 3

④ 在桌次较多的情况下，上述排列常规往往交叉使用（如图 3-9、图 3-10）。

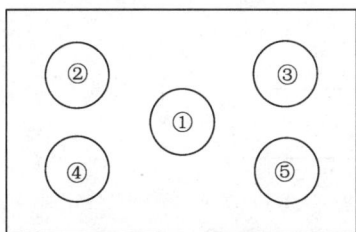

图 3-9　中式宴请桌次安排 4

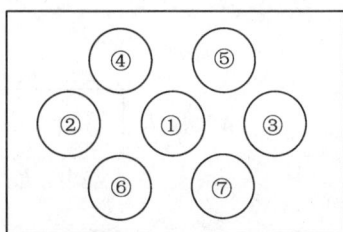

图 3-10　中式宴请桌次安排 5

关于中式宴会的席次（指同一餐桌上的席位高低）安排：

排列席次的原则如下：

① 面门为上，即主人面对餐厅正门。有多位主人时，双方可交叉排列，离主位越近地位越尊。

② 主宾居右，即主宾在主位（第一主位）右侧。

③ 好事成双，即每张餐桌人数为双数，吉庆宴会尤其如此。

④ 各桌同向，即每张餐桌的排位均大体相似。

中式宴会席次安排如图 3-11 和图 3-12 所示。

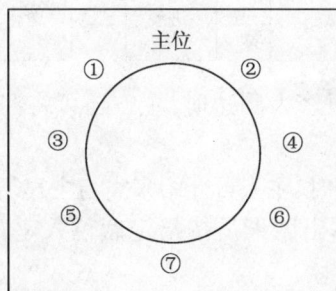

图 3-11　中式宴会的席次安排 1

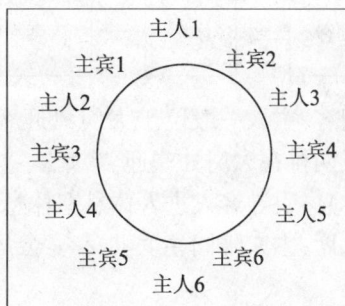

图 3-12　中式宴会的席次安排 2

关于西式宴会的桌席排位：

西式宴会的餐桌习惯用长桌。西式宴会的席次一般根据宾客地位安排，女宾席次依据丈夫地位而定。也可以按类别分坐，如男女分坐、夫妇分坐、华洋分坐等。在我国用西餐宴请客人，通常采用按职务高低男女分坐的方式（如图 3-13）。

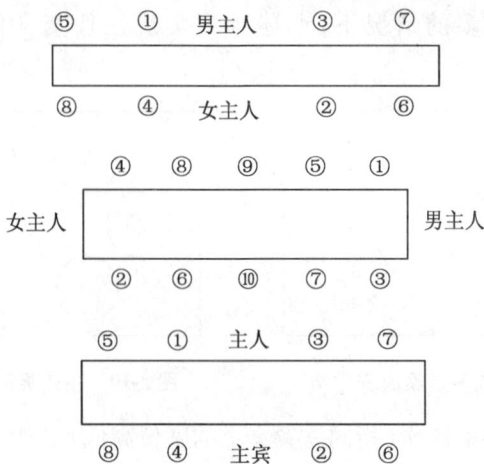

图 3-13　西式宴会的桌席排位

（6）现场布置

在宴会厅，除了安排好桌次、座位以外，还要调试好音响、灯光、多媒体等要用到的设备。另外，还需制作横幅及彩带等装饰。

2. 商务宴请的实施

宴请的实施程序：

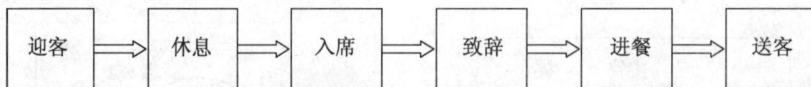

迎客：主人一般位于大门门口迎客。尊贵客人到达时，主方还可将迎宾人员排成两排在大门处欢迎。

休息：引导客人进入休息室休息。等候时，主人可介绍来宾与主宾相识。

入席：主人陪同主宾进入宴会厅，全体出席人员按指定席位入座，宴会开始。

致辞：致辞要事先准备好，一般主人先讲，客人再致答谢辞，客人也可在宴会中间致答谢辞。

进餐：中式宴会在进餐中多要敬酒，作为主人，一般依据次序每桌轮流敬酒；西式宴会相对更讲究用餐环境和礼仪。

中餐上菜顺序：冷盘（事先摆好）→酒、饮料→热菜→汤→主食→水果。

西餐上菜顺序：头盘→汤→副菜（鱼类菜肴）→主菜（肉、禽类菜肴）→沙拉→甜品（布丁、奶酪等）→咖啡、茶。

送客：主宾告辞，主人送至门口，原迎宾人员依序排列，与其他客人握别。

3. 商务宴请的礼仪

首先,一定要遵守时间,准时出席,通常提前一两分钟、正点或是迟一两分钟到达宴会地点都是合适的。

其次,找到自己的位置,不可随意乱坐。入座时,应该和同桌之人以及邻桌打个招呼,并适当进行沟通。

另外,注意坐姿要端正,最好将双手放在自己的大腿上,脚要平放在本人的座位下。

再次,做好用餐准备,湿毛巾只用于擦拭双手和嘴角,桌上的餐巾可抖开平摊在自己的双腿上。

最重要的是用餐过程,注意餐桌上的举止"六不"原则:一是不吸烟,二是不剔牙,三是不让菜不夹菜,四是祝酒不劝酒,五是不在餐桌上整理服饰和化妆,六是不出声。

最后,主人宣布宴会结束后,来宾应与主人寒暄两句再离开,以示礼貌。

三、任务实施

✳ 任务布置

情境 1

钟苗在镇江天地实业有限公司任董事长秘书,今天广东顺德的万达公司将有 5 位客人前来洽谈业务,他们都是第一次来镇江,公司非常重视,董事长将亲自接待,并设晚宴款待客人。公司参加晚宴除董事长及钟苗外,还有营销部、公关部、财务部三位经理。钟苗将负责此次的宴会的安排。

(1)在安排晚宴时,钟苗应注意哪些座次礼仪?请制作一张此次晚宴的座次排列图,指出安排座位的有关礼仪规范。

(2)钟苗应确定怎样的菜单?请列出菜单并说明依据。

(3)模拟演练在酒店大厅迎接客户、引导入席的情景。

(4)模拟演示散席送客的情景。

情境 2

王琳在一家著名跨国公司的上海总部从事总经理秘书工作,公司今晚要宴请老客户英国道格公司的副总一行 4 人,总经理将与销售部经理、市场部经理、行政部经理参加,本次宴请安排在瑞湾酒店西餐厅。王琳负责此次宴请的安排。

（1）请制作一张此次晚宴的座次排列图，指出安排座位的有关礼仪规范。

（2）模拟演练在酒店大厅迎接客户、引导入席的情景。

（3）模拟演示散席送客的情景。

任务指导

1. 关于此次宴请中的中餐座次排列：采用中餐传统的圆桌，钟苗应将己方董事长安排在离门最远的座位，将对方的主宾安排在董事长右侧位置；其他人员双方可交叉排列，离主位越近地位越尊；钟苗的座位应安排在离门最近的位置。

关于此次宴请中的中餐菜单安排：

点餐时考虑客人来自广东，口味清淡，无民族宗教禁忌，本着健康及当地特色的原则，可作如下安排：

八个冷菜：青柠拌木耳、水晶肴蹄、盐水鹅、红汤海蜇、杂菜大拌、糟小黄鱼、五香牛肉、蔬菜沙拉。

十道热菜：清蒸刀鱼、白汁回鱼、拆烩鲢鱼头、清炖蟹粉狮子头、大煮干丝、生态大甲鱼、酱油基围虾、银丝蒸扇贝、蒜蓉芥蓝、煨野山菌。

两道汤：海皇鱼翅羹、酒酿元宵。

两道点心：镇江蟹黄汤包、黄金糕。

一道主食：镇江锅盖面。

一道水果拼盘。

2. 关于此次宴请中的西餐座次排列：采用西餐传统的长条桌，王琳应将道格公司的副总安排在正对门的一面，副总位置居中；己方总经理一行4人背门而坐，总经理居中，或者将主客双方的其他三位人员交叉排列，以便主客交流。

3. 关于演示过程：两个情境中的主方最高领导应在酒店大门口迎客，主方还可将迎宾人员排成两排在大门处欢迎，与客人一一握手。秘书应适时做好主宾的介绍工作。然后由秘书引导客人进入休息室休息，引导时应走在对方的右前方或左前方两三步。送客时，主人应送至门口，原迎宾人员依序排列，与客人握手告别。

任务评估

评价方式：学生自评、小组评价、教师评价（评价过程可采用评价表格进行，如表3-8所示）。

评价依据：

中餐座位安排合乎情境要求；中餐菜单安排恰当而精致；西餐座位安排合乎情境要求；演示过程规范,演示中体现了较好的职业礼仪和团队合作精神。

表 3-8 商务宴请的安排与演示评分表

任务：商务宴请的安排与演示								
组长： 组员： 指导教师：								
中餐座位安排（15 分）	中餐菜单安排（10 分）	西餐座位安排（15 分）	演示过程（40 分）	职业礼仪（10 分）	团队合作（10 分）	自我评价（20%）	小组评价（30%）	教师评价（50%）

四、实践训练

☞案例讨论

1. 宴会马上就要开始了,领导发现有一个重要客商仍没有来,询问秘书小张后得知小张忘记邀请该客人。领导狠狠地瞪了小张一眼,但碍于其他客商在场而不便发作。

请问小张犯了什么错误？

2. 方正公司年底为表示对客户的谢意,召开了客户联谊会,会后共进晚餐。负责接待工作的秘书钟苗根据上司的指示和宴会管理安排桌次座位,为方便来宾入席,钟苗特意制作了座位名签,并摆在桌上。但由于这次联谊会时间紧,与会人员名单确定得晚,钟苗在抄写时漏了在主桌的一位重要客户,结果该客户入席时找不到座位,出现了十分尴尬的场面。

请问该案例中钟苗对联谊会的准备工作,对你有什么启示？

3. 秘书小李第一次参加公司招待客户的大型宴会,看到桌上丰盛的食物时口水都快流下来了。忍了又忍后,趁着老总和客户谈起生意,不顾形象大吃起来。当她发现一桌人的视线都集中在她身上的时候,已经给老总和客人留下了十分恶劣的印象。

请问小李犯了什么错误？

4. 宏远公司秘书钟苗今天一早上班就电话预定了红枫宾馆餐厅,中午招待几个西北来的客户。点菜的时候,钟苗考虑到公司的王总爱吃肉食,点了扒猪脸、烧猪手、藕炖排骨、烧大肠等菜。结果中午宴请时,钟苗才发现客户李先生是位回民。

请问钟苗犯了什么错误?

拓展训练

1. 通过网络、书籍查阅相关资料,搜集有关中餐、西餐餐具的使用方法,并说明注意事项和禁忌。

2. 分别选择一家中餐厅和西餐厅,分组进行中餐和西餐等用餐礼仪训练,请酒店服务人员协助实训。

任务6 策划商务庆典

一、任务描述

1. 商务庆典是商务活动的常见形式,对提高组织的知名度、美誉度有很大的作用。一般该任务的工作内容包括:庆典活动的准备、庆典方案的制订、庆典活动的实施。

2. 要搞好商务庆典,首先,应了解商务庆典的含义及类型;其次,掌握商务庆典的具体准备事项;再次,掌握商务庆典方案的格式和写法;最后,熟悉各种庆典活动的实施过程。

二、知识要点

庆典是各种庆祝仪式的统称,是有目的地利用企业内部的重大节日或纪念日、社会生活中的传统节日等时机,通过各种形式的庆祝活动来营造一种喜庆气氛,以亲和企业内部的人际关系、改善企业外部的社会舆论与关系环境。庆典活动的类型有:开业典礼、周年纪念庆典、竣工典礼、本单位荣获某项荣誉的庆典活动。

1. 庆典活动的准备工作

(1) 做好舆论宣传工作。企业(公司)或店铺可运用传媒广泛发布广告,或在告示栏中张贴开业告示,以引起公众的注意。这些广告或告示一般包括庆典举行的日期、地点、企业的经营范围及特色、庆典的优惠情况等。

（2）精心确定庆典的出席人员名单。主要包括：上级领导、社会名流、大众传媒、合作伙伴、单位员工等。

（3）精心安排好来宾的接待服务。一定要有专人负责来宾的接待服务工作，若来宾人数较多时，必须为来宾准备好专用的停车场、休息室，并为其安排饮食。

（4）精心布置举行庆祝仪式的现场。为了烘托出热烈、隆重、喜庆的气氛，可在现场张灯结彩，悬挂彩灯、彩带，张贴一些宣传标语，并且张挂标明庆典具体内容的大型横幅。如果有能力，还可以请由本单位员工组成的乐队、锣鼓队或请专业人员届时演奏音乐或敲锣打鼓，渲染热烈喜庆的气氛。

可在布置现场前列出布置清单，如表3-9所示。

表3-9　××假日酒店开业庆典布置清单

项目 / 类型	数　量	规　格	材　料	内　容	布　置
彩旗	60面	0.75 m× 1.5 m	绸面	××假日酒店隆重开业	××假日酒店前及道路两边插置
横幅	1条	1.2 m×10 m	牛津布	××假日酒店开业庆典	主会场
贺幅	1条	1.5 m×20 m	牛津布	热烈庆贺××假日酒店开业	××假日酒店门口
放飞小气球	2000个		进口 PVC		××假日酒店门口上空
空飘气球	4个	气球直径 3 m	PVC	"××假日酒店欢迎您"等	××假日酒店门口及四周
充气拱门	2座	跨度 15 m/座	PVC	"欢迎光临××假日酒店"和"××假日酒店欢迎您"	主会场入口处和车道入口
签到台	签到台1组	3 m×0.65 m ×0.75 m			主会场入口处旁

项目 类型	数　量	规　格	材　料	内　容	布　置
花篮	12 个	三层中式			主席台左右两侧
POP 牌	8 块	11 m×1.8 m	泡沫、金字	包含××假日酒店的企业文化、服务精神等	主会场左右两侧
背景牌	1 块	8 m×3 m	木板、有机玻璃字	××假日酒店开业庆典	主席台后面
挂旗	12 条	0.2 m×0.1 m	防雨布丝印		主会场
主席台	1 座	8 m×4 m×0.7 m	钢管、木板		主会场
红色地毯	200 m²				主会场空地
其他	剪彩球 8 个、签到本 2 本、签字笔 10 支、绶带 10 条、椅子 300 张、胸花 300 个、胸牌 300 个、绿色植物 50 盆、盆花 20 盆、音箱一套				

（5）拟定庆典程序。

（6）做好礼品馈赠工作。应选择具有宣传性、纪念性、独特性的礼品馈赠给来宾。

2. 庆典活动方案示例

××公司十周年庆典活动方案

1. 庆典活动目的:总结十年发展经验,广交朋友,更好地激励员工。

2. 成立庆典组织委员会:

主任:

副主任:

成员:

3. 庆典时间:10 月 2 日(全天)

4. 庆典活动程序:

8:00—9:00　　　　　　迎宾

9:15—10:30　　　　　召开庆祝大会(穿插文艺表演)

10:45—11:20　　　　参观十年成果展

11:30　　　　　　　宴请午餐

12∶30—13∶30	自由时间
13∶30—15∶30	公司十周年庆典疯狂献礼活动
15∶30—16∶30	观看公司纪录片《十年历程》
17∶00	晚宴
18∶30	放焰火,文艺会演开始

5. 要求:

（1）当天公司所有员工穿着统一服装、佩戴周年庆典标志牌、周年绶带。

（2）公司以红色为主色调,以灯笼、花篮、鲜花、红气球等物品喜庆布置。

（3）礼仪要统一迎宾语、待客语、送客语,规范动作、站姿、走姿等。

6. 广告宣传:

（1）场内广告:展架、水牌、灯箱、MC 宣传、电脑待机屏保等。

（2）户外广告:户外招牌、宣传单派发、短信平台等。

（3）宣传媒体:报纸、周年礼品袋。

7. 活动费用预算:

宣传费:宣传单、海报、报纸广告、礼品袋、绶带、庆典标志牌,共计×××元

布场费:×××元

服装费:×××元

嘉宾费:×××元

其他费用:×××元

总费用:××××元

××公司公关部

2013 年 9 月 10 日

3. 常见的庆典活动程序

活动程序通常为:主持人宣布开始→介绍来宾→本公司负责人致词→领导或来宾致词→宣读贺电、贺信→剪彩→安排文艺演出→参观活动→酒会。

具体活动程序安排示例如下:

××假日酒店开业庆典活动程序

2012 年 10 月 1 日上午 9∶00 庆典正式开始(暂定)。

8∶30　播放迎宾曲,军乐队演奏迎宾曲;礼仪小姐迎宾,帮助来宾签到,为来宾佩戴胸花、胸牌,并派发礼品。

8∶50　音响播放庆典进行曲,一块很大的红绸从空中徐徐降下,音乐改为舞曲,以调动现场气氛,吸引现场的目光。

9:00　　音乐结束,主持人上台宣布××假日酒店庆典正式开始,接着介绍贵宾,宣读祝贺单位贺电、贺信(鼓乐齐鸣)。

9:10　　主持人:邀请政府领导致辞。(掌声)

9:20　　主持人:邀请××假日酒店总经理讲话(掌声)

9:40　　主持人:请贵宾代表讲话。(掌声)

9:45　　主持人:邀请客户代表讲话。(掌声)

9:50　　主持人:邀请××假日酒店总经理及贵宾代表为睡狮点睛,醒狮欢舞,请来宾欣赏舞狮表演。

10:00　　主持人:宣布剪彩人员名单,礼仪小姐分别引导主礼嘉宾到主席台。

10:05　　主持人:宣布××假日酒店开业剪彩仪式开始,主礼嘉宾为庆典仪式剪彩,乐队响起,醒狮欢舞,放飞小气球将庆典推向高潮。

10:10　　主持人:宣布××假日酒店圆满结束,请大家欣赏歌舞表演。(建议在表演中穿插现场抽奖活动,以增加节目的互动性,奖品由××假日酒店提供)

12:10　　主持人:请大家入席午宴。

三、任务实施

❀ 任务布置

2013年10月1日是天地公司成立10周年的大喜日子。为了总结公司10年发展经验,更好地激励员工,公司决定举行10周年庆典活动。届时会有当地的各界商业人士、政府领导及新闻媒体参加。如果你是经理秘书小燕,请根据经理的要求,起草此次活动的布置方案,在两天后给他。

❀ 任务指导

该公司10周年庆典活动方案的拟制,根据情境,应包含庆典活动目的、庆典活动组织、庆典活动程序、庆典活动要求、庆典活动布置、活动费用预算等。

❀ 任务评估

评价方式:学生自评、教师评价(评价过程可采用评价表格进行,如表3-10所示)。

评价依据：

商务庆典活动方案的格式规范,应包含标题、正文和落款;内容齐全,包含庆典活动目的、庆典活动组织、庆典活动程序、庆典活动要求、庆典活动布置、活动费用预算等;语言准确、精炼;条理清晰;分工明确、合理,符合实际,考虑周全,具有一定的可操作性。

表 3-10 商务庆典活动方案的制订评分表

任务：商务庆典活动方案的制订						
组长：		组员：			指导教师：	
方案格式 (20分)	方案内容 (40分)	语言表达 (20分)	条理性 (10分)	可操作性 (10分)	自我评价 (30%)	教师评价 (70%)

四、实践训练

案例讨论

美国 IBM 公司每年都要举行一次规模隆重的庆功会,对那些在一年中作出过突出贡献的销售人员进行表彰。这种活动常常是在风光旖旎的地方,如百慕大或马霍卡岛等地进行。对 3% 的作出了突出贡献的人所进行的表彰,被称作"金环庆典"。在庆典中,IBM 公司的最高层管理人员始终在场,并主持盛大、庄重的颁奖酒宴,然后放映由公司自己制作的表现那些作出了突出贡献的销售人员的工作情况、家庭生活,乃至业务爱好的影片。在被邀请参加庆典的人中,不仅有股东代表、工人代表、社会名流,还有那些作出了突出贡献的销售人员的家属和亲友。整个庆典活动,自始至终都被录制成电视(或电影)片,然后被拿到 IBM 公司的每一个单位去放映。

试分析 IBM 公司庆典的成功之处。

拓展训练

观摩一次庆典活动,对庆典活动的现场布置、过程及效果进行评估。

任务7　商务旅行的安排

一、任务描述

1. 商务旅行是商务活动的重要任务,一般该任务的工作内容包括:国内商务旅行的准备、出国商务旅行的安排、商务旅行中的随从服务。

2. 安排好商务旅行。首先,掌握商务旅行准备的具体事项,如商务旅行计划的制订等;其次,掌握出国商务旅行安排的流程及具体方法;另外,还应掌握商务旅行中随从服务的注意事项。

二、知识要点

随着社会和经济的发展,为掌握最新的市场动态、了解客户需求、洽谈业务、进行广告宣传等,公司领导需要经常出差旅行。作为公司企业的秘书,就必须了解商务旅行的一般常识,了解在商务旅行安排过程中自己的工作内容,做好相关的准备工作,以保证领导的商务旅行能够圆满完成。

1. 商务旅行的准备

(1)编制商务旅行计划

商务旅行计划的内容:

时间:包括旅行出发、返回的时间、旅行过程中各项活动的时间、旅行期间就餐、休息时间。

地点:包括旅行抵达的目的地、旅行中开展各项活动的地点、食宿地点。

交通工具:包括出发、返回的交通工具、商务活动中使用的交通工具。

具体行程安排:包括商务活动(如洽谈、会议、宴请、娱乐活动等)、私人事务活动。

备注:包括提醒上司注意的事项。

制定商务旅行计划的注意点:

① 留有充裕的时间以便轻松完成计划。

② 将领导此行的目的、要完成的任务、要会见的人、出席会议的时间等确定下来,另外还要考虑领导的私人事务。

③ 行程计划的制订要在机船票的预订、住宿安排等确定后再进行。

④ 要细致检查核对。

制定好后,至少打印 3 份,一份交出差上司,一份秘书留存,一份存档。

商务旅行计划示例 1:

××总经理商务旅行安排
上海—北京
2012 年 5 月 14—5 月 16 日

5 月 14 日 星期一(上海—北京)

上午

7:00　赴虹桥机场(公司派车送达)。

8:40　乘 MU5143 航班离沪赴京。

10:20　抵达北京(×××接机)

11:00　住××宾馆 606 房间(已预先订房)。

12:00　与××总经理共进午餐(在宾馆)。

下午

14:30　与××总经理在公司会议室洽谈(需用的 1,2,3 号文件在您的公文包中)。

18:00　与××总经理在公司共进晚餐。

5 月 15 日 星期二(北京)

上午

9:30　赴××公司与××董事长洽谈(需用的 4,5 号文件在您的公文包中)。

11:30　与×××董事长共进午餐(在该公司)。

下午

15:00　拜访×××先生(由××先生陪同,礼品在您手提箱内)。

18:00　在宾馆用餐。

5 月 16 日 星期三(北京—上海)

上午

8:50　乘 CA1501 航班离开北京(机票已预定,由王秘书事先送交您)。

10:25　抵达上海虹桥机场(××接机)。

商务旅行计划示例2：

表3-11 ××总经理商务旅行计划安排表

日期	具体时间	交通工具	地点	具体行程安排	备注
2013.11.20（周三）	7:00—9:00	公司专用车	镇江—南京禄口机场	出发	
	10:00—12:00	中国民航班机	南京—广州	从南京飞往广州	分公司钟苗小姐接机
	12:30—14:00		广州白天鹅宾馆	午餐并休息	已订好一个商务间
	15:00—17:00		分公司会议室	召开分公司和有关人员会议	所用1号文件在公文包中
	18:30		广州白天鹅宾馆1号宴会厅	举行宴会，招待相关新老客户和地方官员	
2013.11.21（周四）	9:30—11:00			前往分公司视察工作	分公司钟苗小姐将来宾馆接您
	11:30—13:00		分公司食堂	与分公司员工共进午餐	
	14:30			返回	

（2）订票

订票流程：

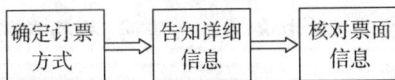

确定订票方式 → 告知详细信息 → 核对票面信息

预订车票要详细告知对方出发地点、到达地点、出发日期、具体车次、座位要求等；预订机票要详细告知对方乘机日期、具体航班次、座位要求、目的地、乘机人姓名及身份证号码等。

（3）订房

订房流程：

确定宾馆档次 → 获取宾馆信息 → 进行预订 → 确认预订

预订房间时要根据上司的要求,考虑楼层、朝向、设施等因素,尽量不在一楼,不临街,有足够的安全保障。

（4）预支差旅费用

秘书预支差旅费首先要填写申请表,经批准后再提取预支的费用。差旅费的携带方式有现金、旅行支票、信用卡等。到经济发达的大城市,可以少带现金,使用信用卡和支票更安全方便。

（5）准备必备的文件资料及随身携带的用品

商务旅行需准备的物品如表3-12所示。

表3-12　常用商务旅行物品清单

常用商务旅行物品清单			
商务活动文件资料 （秘书准备）	差旅相关资料 （秘书准备）	办公用品 （秘书/领导准备）	私人物品 （秘书提醒,领导准备）
谈判提纲 合同草案 协议书 演讲稿 有关讨论问题的信件 备忘录 日程表 科技产品资料 公司简介 对方公司相关资料	目的地交通图 旅行指南 请柬 介绍信 通讯录 对方的向导信函 日历 世界各地时间表	笔记本电脑 光盘或磁盘 微型录音机 照相机或摄像机 文件夹 笔、笔记本 公司信封及信件 名片 现金、信用卡、支票	衣物 生活用品 手机 名片

2. 出国商务旅行的安排

（1）出国申请手续流程

办理出国申请 → 办理护照 → 申请签证 → 准备健康证明 → 办理出境登记

① 办理出国申请

一般包括:出国事由、出国团组的人数,出国路线（外国公司所在国名称）,出国日程安排（出国时间、在国外活动时间、地点、回国时间）等。

申请文书后面需附:出国人员名单（写清出国人员姓名、年龄、性别、职务、职称）以及外国公司所发的邀请函（副单）。

② 办理护照

护照是主权国家发给本国公民出入境到国外旅行、居留的合法身份证件和国籍证明。目前多数国家办法外交、公务和普通三种护照。在国内,护照的办理由外交部及其授权单位办理;在国外,由我国驻外使、领馆等负责办理。

办理护照的注意要点:

第一,携带有关证件(任务批件、政审批件、邀请书)及2寸正面免冠照片;第二,认真填写有关卡片和申请表;第三,拿到护照后,认真检查核对。

③ 申请签证

签证是一国官方机构对本国和外国公民出入国境或在本国停留、居住的许可证明。因公出国人员的签证办理通常由外交部或中国旅行社代办处,向有关国家驻华使馆(或驻华总领馆)申办;因私出国人员一般可通过中国旅行社签证代办处办理。

④ 准备健康证明

健康证明即预防接种证书,因其封面是黄色,所以惯称为"黄皮书"。它是国际卫生组织为了保障出入国境人员的人身健康,防止某些疾病传染流行所要求的证明。

⑤ 办理出境登记卡

携带出国人员的护照、户口簿、居民身份证办理临时出境登记手续。凡出国超过6个月(含6个月)的人员,则要携带上述证件到其常住户口所在地的公安派出所办理注销户口手续,并将第一张"出境登记卡"换为第二张"出境登记卡"。

(2)准备工作

除了编制旅行计划、准备携带物品外,还应办理兑换外币、检查相关证件、收集所到国的背景资料。

关于所到国的背景资料,主要指气候、地理、交通、民俗风情、礼仪禁忌等方面资料。最简便的方法是通过登陆所到国政府的旅游管理部门或旅游公司的网站了解情况;对于自己还不了解的,可用电子邮件或电话提出咨询,请教他们在那里旅游时应注意的事项。

3. 商务旅行随从服务的注意事项

(1)应格外注意自己的仪容仪表,尽量穿大方的职业装,言谈举止一定要得体。

(2)在上司与前来迎接的人见面时,秘书不要急于跟对方打招呼,等上司与对方寒暄过后再上前问候;只有当对方也是秘书来接站时,才可以先上前向他(她)表示感谢。

(3)当上司与对方寒暄的时候,秘书要适当离他们远一点,注意回避。但是,上车后和开始正式会谈时,就不能显得太呆板了。在久别重逢等场合,领导们也许会有说不完的话,这时,为了按预定的时间进行活动,秘书一方面要向上司示意时间已经过了,另一方面也要注意提醒对方的秘书。

（4）办理宾馆入住手续后,应了解上司房间的房号及电话;秘书住的房间最好在上司房间的下一层,但秘书应把自己房间的房号和电话写在纸上交给上司,以便上司随时联系。

（5）关于第二天的日程安排,秘书应在头一天晚上与上司商量好或得到上司的确认;提前预订清晨叫醒服务,并安排早餐;根据当天的日程安排落实车辆;及时提醒并事先落实各项安排。如果上司感到疲劳或身体不适,应及时调整日程安排。秘书在宾馆期间如果需要外出,要事先征得上司的同意。

（6）跟随上司外出期间,随从秘书必须摆正自己的位置,说话一定要谨慎。未经上司允许,秘书对任何问题都无权表态。应选择适当的时机向上司提出自己的建议,但不得与上司唱对台戏,更不能私下议论,犯自由主义。不得接受基层的馈赠,更不允许张口索要礼物。

（7）秘书每天参加各项活动时,应携带好上司的名片、必要的会议资料（报告稿件、会面备忘、采访提纲）;涉及上司参加的活动,秘书要提前报告,早做准备,要提醒上司先做什么、后做什么。

（8）到达出差的最后一站,要向公司汇报出差的情况,在这时一定要附带说明有多少行李,以便返程时公司派车来接站。在出差过程中,秘书在生活上也应主动关心、照顾好领导。

三、任务实施

任务布置

9月5日,星期五,天地置业公司总经理办公室,刘总经理正在向杨秘书交办工作:"小杨,市场营销部和规划发展部共同提交的与韩国首尔中韩公司合作开发中南服装批发市场的调研报告我已经看过了,计划下月（10月15—20日）去首尔出差一趟,现场考察和洽谈,签订有关合作开发意向书。"

本次首尔商务旅行主要考察项目有:考察韩国首尔中韩公司、考察服装批发市场场地、与中韩公司洽谈合作有关事宜、签订合作开发意向书、看望公司驻韩开发部工作人员等。主要出访人员有:天地置业公司总经理办公室刘总经理、张副总经理、市场部肖经理、规划发展部黄经理、办公室秘书小杨。

1. 假设你是杨秘书,请为刘总经理制订一份赴韩商务考察的计划安排表,并以电邮的方式发给刘总经理审核。要求具体机票的时间通过上网查询,要真实可行。

2. 请你协助公司韩国考察团成员办理出国旅行的各项准备,就如何办理出国手续,整理一份详细的指导书,供大家学习了解有关流程和注意事项。

3. 请你为刘总经理列出所需携带的物品清单。

4. 通过各种途径搜集有关韩国首尔的气候、地理、交通、民俗风情、礼仪禁忌等方面的资料,以备出差前提供给上司参考。

🌸 任务指导

1. 关于商务旅行计划表的制定:应包括旅行出发、返回的时间,旅行过程中各项活动的时间,旅行期间就餐、休息时间(一定要以当地时间为准);旅行抵达的目的地、旅行中开展各项活动的地点、食宿地点;出发、返回的交通工具,商务活动中使用的交通工具;商务活动如洽谈、会议、宴请、娱乐活动等(安排时应注意顺序合理),留有一定的空余时间以便领导办理私人事务;还应包括提醒上司注意的事项,如机场迎接人员、现场活动中资料的准备等。

2. 按照办理出国申请、办理护照、申请签证、准备健康证明、办理出境登记的流程,具体细节可查看网络上相关信息。

3. 物品清单应包含商务活动文件资料、差旅资料、办公用品及私人用品。根据情境列出相关清单。

4. 可登陆中国旅游信息网或韩国旅游网进行查询。

🌸 任务评估

评价方式:学生自评、教师评价(评价过程可采用评价表格进行,如表3-13所示)。

评价依据:

商务旅行计划表的编制:时间安排恰当;每个活动的环节衔接有序;活动安排具体而周密;格式规范。

出国流程及指导:出国手续齐全;出国流程正确;细节指导有针对性。

物品清单:物品清单内容齐全;物品清单进行合理的分类。

韩国背景材料:背景材料齐全,包括气候、地理、交通、民俗风情、礼仪禁忌等;背景材料有针对性。

表 3-13　商务旅行安排评分表

评价项目	评分要素	分　值	自我评价(30%)	教师评价(70%)
旅行计划表	时间安排	50		
	活动安排			
	活动环节衔接			
	具体格式			
出国流程及指导	出国手续	20		
	出国流程			
	细节指导			
物品清单	物品内容	15		
	物品分类			
韩国背景材料	材料内容	15		
	有无针对性			

四、实践训练

案例讨论

欣达低压电器公司近年来一直注重企业的自身发展,在新产品的研发、产品质量稳定率及销售渠道建设等方面,走在了同行的前列,企业由此进入了快速发展阶段,产品几乎覆盖全国。我国加入 WTO 后,公司多个低压电器品种迅速打入欧洲市场。企业高层人员、技术人员及营销人员到外地或外国出差日渐频繁。

李小燕毕业于职业学校国际贸易专业,由于公司今年未聘请到秘书专业的大学毕业生,就让李小燕先担任秘书工作,一方面让李小燕熟悉公司的机构、工作流程及业务;另一方面,可以发挥她外语方面的特长,为公司翻译一些资料,外宾来访,还可充当翻译。

上班没几天,李小燕碰到了一件难事。

公司行政会议讨论研究了近期工作安排,其中包括两位领导外出的情况。一是黄总经理到北京出席 11 月 12 日起召开的全国低压电器行业发展论坛,11 月 13 日下午参加成都举行的企业家沙龙,11 月 14 日上午还要出席本公司的一个新产品推广会议。考虑到北京论坛与成都的沙龙召开的时间尚有一定的空隙,黄总有意在北京期间拜会北京格瑞低压电器公司的领导,同时,走访信息产业部科技情报处,并到公司驻北京办事处,听听他们下半年的打算,作些沟通。二是由于黄总活动已排满,原定11月上旬到美国P公司参观考察只能由主管技术的施副总前往,而施副总从未出过国门。

令李小燕犯难的是,会议决定让她负责两位领导商务旅行的一些准备工作,包括预订机票、联系住宿、资料准备、办理护照等。

李小燕足足想了一天,完成了一份计划书,交给了黄总。以下是计划书全文:

根据公司行政会议的安排,黄总将于11月12日抵达北京、成都出席会议,施副总将于11月13日赴美国考察,具体安排如下:

1. 黄总计划

11月11日晚,黄总乘飞机到北京,联系一家四星级酒店。

11月12日上午9点半,出席全国低压电器行业发展论坛。

11月13日,拜会北京格瑞低压电器公司领导、走访信息产业部科技情报处,到公司驻北京办事处商议下半年工作。

11月12日下午,乘飞机到成都,联系一家四星级酒店,出席下午的企业家沙龙。

11月13日,乘飞机返回杭州。

11月14日,出席公司新产品推广会议。

准备物品有:钢笔、笔记本、公司简介、名片、照相机。

2. 施副总计划

11月8日,办理护照。

11月9日,乘飞机赴美国华盛顿,安排三星级酒店。

11月10日至11日,考察美国P公司。

11月12日,乘飞机赴纽约观光。

11月13日,乘飞机返回杭州。

11月14日上午,出席公司新产品推广会议。

准备的物品有:钢笔、笔记本、公司简介、名片、照相机、美元、美国地图。

黄总看完"计划书"后,皱着眉头问:"这叫计划书吗?这种计划我还让你安排?哪有明天到美国今天办护照的?美国与中国的时差呢?"。李小燕的脸一阵阵红了起来,起码她已认识到,学国际贸易专业的居然把"时差"给忘了,更别提她从未接触过的差旅事务的安排了。

请分析李小燕的问题所在。

2. 一天,总经理告诉秘书小于,他要到×市去开会,让她买火车票陪同一起去。小于看了看列车时间表,算了一下,坐明天9点车就正好,既不用起早又不用贪黑,还可欣赏一路风光,晚上又不耽误休息。她下午买了预售票,就告诉领导明天在家等着就行了。文件、路费都准备齐了,车也安排了。她就安心回家了。第二天,她按时去接了领导,在贵宾室检票,她见贵宾室候车人很少,很是得意。检票时,傻眼了! 买的票不是软卧,但时间有限,车还是上了。但要补软卧票时,列车员告诉他,这次车没软卧,有软卧的是7点快车。虽然领导一再说"没事",但她身上就像背了个大麻袋似的,压力大极了。

试分析小于的问题所在。

📖 **拓展训练**

查阅资料了解订票、订房的方式以及办理兑换外币的常识。

项 目 四

信息服务

项目简介

本项目涉及的工作环节包括:信息材料的收集与整理、信息简报的拟写与制发、信息的传递与应用和信息的存储与归档。旨在培养学习者熟悉信息工作的一般过程,掌握收集、整理信息材料,拟写、制发信息简报,传递、应用和存储、归档信息的方法与必要的技能。

任务1 收集信息材料

一、任务描述

1. 收集信息材料是秘书做好信息工作的一项基本任务,一般该任务的工作内容包括:根据秘书工作职责和辅助范围,恰当地选定收集信息材料的种类和范围;选择建立信息材料收集的渠道;针对决策者的需要收集信息材料。

2. 做好信息材料的收集工作。首先,从正确认知信息的概念入手,准确掌握信息的特征;其次,收集信息材料要遵循一定的工作原则;最后,采用有效的方法收集信息材料。

二、知识要点

1. 信息的含义

信息是决策者了解情况、正确决策的依据,是交流经验、指导工作的重要途径。

做好信息工作,是秘书部门的一项重要职责,也是充分发挥秘书工作人员参谋助手作用的具体体现。

2. 信息的特征

(1)客观性:即先有信息反映的对象,后有信息。不论借助于何种载体、以何种方式进行传输,信息都不会改变其反映对象的属性。

(2)价值性:在现代经济社会发展中,信息是一种价值无量的要素。信息作用于资本,可以提高资金的利用率,从而发财致富;信息作用于技术,将会产生发明创造和革新,取得技术进步;信息作用于经营管理,可以通过反馈机制起到控制和调节的作用,促进市场的发展和经济效益的提高;信息作用于生产、流通、分配及消费各个领域,则会起到组织、协调和穿针引线、铺路搭桥的作用。

(3)时效性:信息的时效性是指信息从发出、接收到进入利用的时间间隔及其效率。信息活动是动态的,因此,信息本身也有寿命。一条很有价值的信息,如果传递缓慢,时过境迁,就会失去它应有的价值。

(4)共享性:信息能够同时被多个使用者所利用,不会因使用者的增加而使每个使用者获得的信息减少。

(5)可开发性:人们可对信息进行筛选、整理、概括、归纳、扩充,使信息更精练,含量更丰富,价值更高。同一条信息,由于信息工作人员的阅历、社会地位和知识水平的不同,从中发掘、派生、推断出的信息以及扩大信息的效用和价值也不同。

3. 收集信息的原则

(1)准确性原则:要求所收集到的信息要真实可靠,这是信息收集工作的最基本的要求。为达到这样的要求,信息收集者就必须对收集到的信息反复核实,不断检验,力求把误差减小到最低限度。

(2)全面性原则:要求所搜集到的信息广泛,全面完整。只有广泛、全面地搜集信息,才能完整地反映管理活动和决策对象发展的全貌,为决策的科学性提供保障。

(3)时效性原则:信息的利用价值取决于该信息是否能及时地提供,即它的时效性。信息只有及时、迅速地提供给它的使用者才能有效地发挥作用。特别是决策对信息的要求是"事前"的消息和情报,而不是"马后炮"。所以,只有信息是"事前"的,对决策才是有效的。

(4) 适用性原则:根据决策者的需要,围绕决策者关心的"焦点"为决策者的决策提供信息。

4. 收集信息的方法

(1) 观察法:也称直接考察法。观察法是通过开会、深入现场、参加生产和经营、实地采样、进行现场观察并准确记录(包括测绘、录音、录像、拍照、笔录等)调研情况。主要包括两个方面:一是对人的行为的观察;二是对客观事物的观察。

(2) 阅读法:是指通过阅读书报、杂志、文件等文字资料,还包括一切图文信息资料,从中获得信息的方法。其特点是真实性强、可靠性高、信息量大,是秘书收集文字信息的主要方法。

(3) 访问法:又称采访法,是通过访问信息收集对象,与之直接交谈而获得有关信息的方法。它分为座谈采访、会议采访以及电话采访和信函采访等方式。采访需要作好充分准备,认真选择调查对象,了解调查对象,收集有关业务资料和相关的背景资料。

(4) 询问法:是指信息收集者通过提问请对方作答来获取信息。询访法是一种将询问者的意图完全公开的方式。

(5) 索取法:是指向信息占有者或信息源的有关责任人索取有关信息资料。

(6) 交换法:就是将自己拥有的信息资料与有关地区、部门、单位或个人的信息资料进行交换。

(7) 网络法:即通过互联网调用各种搜索引擎进行网页信息搜索和数据交流,从而完成网络信息资源的"收集"和"交流"。秘书部门主要是利用现有信息网交流、收集信息。

5. 信息的类型

(1) 按信息的来源划分,信息可以分为内部信息和外部信息。

内部信息是组织内部各项活动所产生的各种信息,如决策管理信息、人力资源信息、财务信息、生产信息、销售信息、物资采购供应信息、技术开发信息;外部信息是指来自组织以外、对组织活动产生影响的信息,如政策法令信息、国内外政治经济形势信息、社会文化环境信息、外部群众情绪意见信息、自然环境信息、科技信息、竞争对手信息、消费需求信息、市场销售信息、金融信息、生产资源分布与生产信息等。

（2）按信息的运行方向划分，信息可以分为上行信息、平行信息和下行信息。

向上流动的信息即为上行信息，是在组织中按照组织管理关系，下级向上级传递的信息，它可以描述出组织的当前状态；向下流动的信息即为下行信息，是上级向下级传递的各种信息，主要包括最高层制定的战略、目标以及各管理阶层发出的指令；水平流动的信息为平行信息，是在职能业务部门和工作小组以及个人之间进行沟通联络时传递的信息。

6. 信息源

信息源是人们在科研活动、生产经营活动和其他一切活动中所产生的成果和各种原始记录，以及对这些成果和原始记录加工整理得到的成品。信息源的内涵丰富，它不仅包括各种信息载体，也包括各种信息机构；不仅包括传统印刷型文献资料，也包括现代电子图书报刊；不仅包括各种信息储存和信息传递机构，也包括各种信息生产机构。

7. 秘书信息工作的一般流程（如图 4-1）

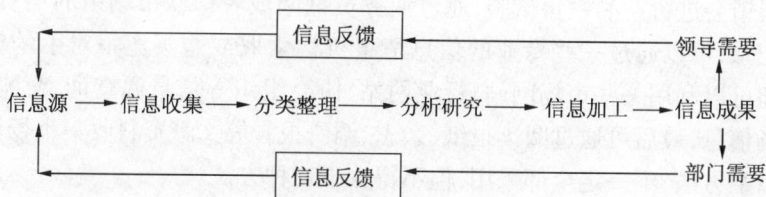

图 4-1　信息工作流程图

三、任务实施

任务布置

某公司的新产品自投放市场以来取得了良好的销售业绩，公司决定进一步开拓新市场，计划在 X 市开拓产品销售市场。公司要求先期做好有关新市场开拓的信息研究，为公司决策提供决策信息支持工作。公司领导要求秘书小李协调信息工作部门先期做好市场信息的收集工作。

请问小李该如何协调信息工作部门做好先期信息收集工作？

任务指导

1. 小李首先要明确收集市场信息是为了开拓产品销售市场决策服务的

目的,并根据此目的明确市场信息收集的范围、类型。

2. 小李应立即着手制订一份信息收集任务的工作方案,方案内容包括了信息收集工作的工作程序和各个环节。

✳ 任务评估

评价方式:学生自评、小组评价和教师评价(评价过程可采用评价表格进行,如表4-1所示)。

评价依据:

1. 是否明确信息收集实训任务的目的。

2. 是否选择好恰当的信息收集范围和途径。

可采用的市场信息收集途径:大众媒体、文献资料、网络信息、会议交流。

3. 是否采用恰当的信息收集方法。

市场信息的收集方法一般可选择如下几种:

直接做市场调查,包括消费者、零售商、产品等调查,可以自己做,也可以找专业调查机构做,无论采取哪种方式都需要设计好调查问卷;另外可以去一些展销会进行产品销售试验;通过业务员询问或者访谈市场中的消费者并做好记录;可以通过一些专业的信息情报机构索取或购买竞争对手的资料;另外还可以利用一些市场网站、行业网站、协会组织等信息源查询、交流或索取市场信息;最后可通过阅读报纸、杂志、调研报告等文献资料收集市场信息。

以上方法,不一定全部采用,但不得少于三种方法。

4. 是否对收集的信息进行认真地甄别、筛选。

表4-1 收集信息材料评分表

任务:收集信息材料								
组长:		组员:				指导教师:		
收集工作方案(15分)	收集工作环节(25分)	收集信息目的(25分)	收集信息方法(15分)	收集信息范围(10分)	团队合作(10分)	自我评价(20%)	小组评价(30%)	教师评价(50%)

四、实践训练

案例讨论

组建新的集团公司

背景:

2004 年底,A食品冷冻公司根据上海市产业结构调整需要,决定组建新的集团公司C,为此,该公司先期开展了一系列信息收集工作。

首先,该公司决策层明确提出两个决策目标:

1. 冷冻水饺、馄饨、汤圆是否可以作为企业的新经济增长点?

2. 进入目前这一冷冻食品市场是否可行?

其次,信息情报部门根据决策目标拟出了决策需要的信息情报范围与类型:

1. 行业情况:企业的数量、市场规模。

2. 市场情况:品牌、产品种类、销售状况、发展趋势。

3. 消费情况:消费需求、消费心理。

4. 竞争对手:思念、湾仔码头、龙凤、甲天下、三全。

最后,信息情报部门针对决策所需信息的范围和信息类型以及信息源的情况选定了信息收集的主要方式方法:

1. 深入市场(超市)观察市场情况;参加或参观同类展会观察;深入同类型企业现场考察生产情况。

2. 通过阅读或利用网络资源浏览期刊、报纸、企业年鉴、统计资料等文献资料。

3. 通过召开专家座谈会、交流会,或者访问消费者、超市营业员等方式获取第一手资料。

4. 向行业协会、专业信息情报机构索取或购买所需信息情报。

5. 利用现场产品展示、发放问卷调查,或者进行产品质量实验比较等方式,收集消费者情况信息。

问题1:该案例的信息收集工作任务各个环节是否完整? 纵观整个信息工作过程,能否勾画出信息工作的一般流程?

问题2:能否概括出该案例所需要的信息类型包括哪些?

问题3:该案例采取了哪些信息收集方法?

拓展训练

1. 作为公司秘书在平时工作中就应该主动做好信息收集工作,请列出公司秘书应该注意收集的信息范围和类型。

2. 信息工作是秘书的基本工作内容之一。作为服务于领导的办公室秘书应当掌握一些收集文献信息资料的基本技巧。请谈谈在什么情况下可采用复印、摘录、剪贴、批注信息收集技巧?

3. 创办一家企业需要收集哪些信息?

任务2　整理信息材料

一、工作任务描述

1. 信息整理工作是针对已经收集的信息材料进行的一项信息处理工作,是信息工作的核心,也是信息工作的一个重要环节。该工作任务的内容包括:依据一定的标准对收集的信息进行分类;根据工作目标筛选出所需的信息;并对所筛选出的信息进行校核,确保信息的真实、有效。

2. 做好信息整理工作。首先,要了解和选择恰当的信息分类方法;其次,筛选信息既要根据决策目标或工作目的需要,也要注重信息来源和信息内容;最后,还要对所选信息进行多方面的校准核实。

二、知识要点

1. 信息整理工作的一般程序

信息整理工作一般包括分类、筛选和校核等工作环节,这既是信息整理工作的主要内容,也体现了信息整理工作的一般程序。

2. 信息分类的一般方法

（1）主题分类

按内容对信息进行主题词分类。为全面反映信息的主题,可以按多级主题分类;将信息最主要的主题名称作为分类的首要因素。

（2）字母分类

按信息的作者姓名、单位名称、信息标题等字母顺序分类。

（3）数字分类

每一个信息通讯者或专题给定一个数字,然后将信息按数字顺序排列。可用索引卡的形式标出数字所代表的类别,然后按类别名称的字母顺序排列。

（4）地区分类

按信息所涉及的地区或行政区域等特征,将信息分为各个类别,然后按字母顺序排列。

（5）时间分类

按信息形成日期的先后顺序分类排列。

3. 信息筛选的常用方法

（1）信息来源

信息来源与收集信息的渠道有关,一般分为内部信息、外部信息、调研信息、媒体信息。

（2）信息标题

信息标题一般是对信息主要内容的概括,阅读信息标题,能够准确、快速地判断出信息主旨。

（3）信息正文

信息正文是对信息内容较为详细的描述,一般能够反映出信息的细节与过程。

（4）信息取舍

是否使用信息决定了信息的取舍。决定信息取舍的主要因素包括思想性因素、典型性因素、新颖性因素和特殊性因素。

4. 信息校核的方法

（1）溯源法

所谓溯源是通过倒查信息来源的方法,对收集的信息所涉及的有关问题进行审核查对。

（2）核对法

依照最新的或最权威的材料,进行对照分析,发现并纠正信息中的错误。

（3）比较法

对反映某一问题的各方面信息材料进行比较,判断其事实、结论是否一致。

（4）逻辑法

对信息中反映的事实和结论进行逻辑分析,从而判断正误、辨别真伪。

（5）调查法

通过实地调查验证信息的真实性和准确性。

三、任务实施

任务布置

某公司办公室主任让小张将一堆没有整理的资料根据信息分类的要求进行整理,这些资料有书信、单据、合同、广告稿、新闻稿、建议书、信函、文件、调查记录、报刊文章等。

请演示小张是如何进行分类整理信息资料的。

任务指导

1. 小张首先要从分类整理工作开始,将这些信息资料按不同的类别归类。

2. 小张在进行分类整理信息资料时可应用主题分类的方法对信息进行分类。

3. 在进行分类整理的同时可进行信息筛选和信息校核。

任务评估

评价方式:学生自评、小组评价和教师评价(评价过程可采用评价表格进行,如表4-2所示)。

评价依据:

1. 任务过程是否符合工作程序,各环节要素是否具备。

2. 信息分类方法选择是否恰当。

可选用的信息分类方法:主题分类,根据信息内容写出主题词,也可采用多级主题分类写出多个主题词;字母分类,按信息的标题字母顺序分类。

3. 是否进行信息筛选。

可选用的信息筛选的方法:信息来源、信息标题。

4. 是否对整理的信息进行校核。

可采用的信息校核方法:核对法。

表 4-2 整理信息材料评分表

任务：整理信息材料								
组长：			组员：			指导教师：		
整理工作程序（15分）	整理工作环节（25分）	整理信息目的（25分）	分类信息方法（15分）	筛选信息方法（10分）	团队合作（10分）	自我评价（20%）	小组评价（30%）	教师评价（50%）

四、实践训练

☞案例讨论

案例1：

民政信息摘报（第2期）

2013年4月15日，湖北省民政厅信息中心编发了一期"民政信息摘报"。整理摘编了八条有关民生问题的信息。具体内容如下：

民政部、国家减灾委员会办公室发布2013年一季度全国灾情。2013年一季度，我国自然灾害以干旱、风雹、地震和山体滑坡等地质灾害为主，洪涝、低温冷冻和雪灾、沙尘暴、森林草原火灾等灾害也均有不同程度发生，灾情较去年同期明显偏重。各类自然灾害共造成全国5275.7万人次受灾，141人死亡，83人失踪，25.3万人次紧急转移安置；3.4万间房屋倒塌，102.7万间受损；农作物受灾面积5012.8千公顷，其中绝收350.1千公顷；直接经济损失231亿元。（来源：民政部网站4月8日发布）

财政部、民政部安排2.2亿元中央自然灾害生活补助资金帮助四川、云南、甘肃三省做好旱灾救助工作。4月10日，财政部、民政部向四川、云南、甘肃三省安排2.2亿元中央自然灾害生活补助资金，用于解决旱灾地区受灾群众口粮和饮水等基本生活困难，帮助灾区妥善做好受灾群众基本生活救助工作。（来源：民政部网站4月10日发布）

浙江省嘉兴市精心构筑社区服务网络，全面打造为民服务平台。嘉兴市着力构筑了以市、县 96345 社区服务信息平台为龙头,以镇(街道)级社区服务中心为依托、以村(社区)级服务中心为主阵地的、覆盖全市城乡居民的社区服务网络,有效提升了社会管理服务水平。主要做法:一是强化市、县96345 社区信息服务平台建设;二是健全镇(街道)、村(社区)级社区服务中心服务功能;三是切实保障社区服务网络高效运行。(来源:民政部网站4月8日发布)

安徽省民政厅窗口全力推行并联审批。自3月起,安徽省民政厅在省政务服务中心民政窗口全力推行并联审批制度。民政窗口对民办医疗机构和卫生类社会团体年检项目,由省民政厅与省卫生厅实行并联审批。卫生类社团和民办非企业单位年检不再需要主管单位前置审批,直接到省民政厅窗口进行登记,并由省民政厅窗口向省卫生厅窗口传递并联审批信息,限时办结,实行超时默认,视为同意。同时,工作人员借助行政审批电子监察系统,实施审批事项动态监督,对受理、承办、办结等环节实行全过程掌控,确保并联审批各环节都能够得到及时办理。(来源:安徽民政4月10日发布)

南京市江宁区创新社会组织培育发展模式。江宁区创立了"1(区社会组织孵化中心)+2(区社会组织联合党支部、社会组织党建工作指导站)+3(3家高校社会工作服务社)+x(城乡社区各类社区社会组织)"社会组织培育发展的新模式,进一步推进社会组织培育发展。(来源:江苏民政4月10日发布)

青海省西宁市强力推进社区办公服务设施建设。西宁市从2011年开始将加强和改善社区办公服务设施作为市委、市政府年度为民办实事的重要内容,市、区每年安排不少于6000万元的专项资金,与省级奖补资金捆绑使用;同时将社区办公服务设施建设与城市规划和旧城改造紧密衔接,基本实现了社区办公服务设施建设与城市住宅小区建设同步规划、同步建设;通过整合资金、整合资源,以较低的建设成本建成一批高标准示范化社区综合服务设施,为新建社区统一配备了电子触摸屏,全面推行了"一柜式"服务。(来源:青海民政4月11日发布)

安徽省委省政府出台《关于进一步加强农村社区建设的意见》。《意见》提出,自2013年开始,我省每年将选择10个县(市、区)、120个乡(镇)、1500个村开展农村社区建设试点。到2016年,全省80%的乡镇建立社区综合服务中心,2020年,基本实现全覆盖。(来源:安徽民政4月12日发布)

浙江省计划三年内实现农村居家养老服务基本覆盖。浙江省民政厅日前正式发布《浙江省农村居家养老服务设施建设三年推进计划》,根据规划,到 2015 年,全省将力争实现三分之一以上的农村社区建有居家养老服务照料中心,其他地方建有居家养老服务站,全省范围内农村居家养老服务基本覆盖。(来源:浙江民政 4 月 12 日发布)

问题 1:从信息来源上分析这个案例所收集整理并摘编的信息都有哪些渠道来源?

问题 2:本案例所摘编的八条信息,如果按主题进行分类整理的话可分几级主题?

案例 2:

医药行业动态信息摘报

某医药集团公司信息情报部门于 2012 年 4 月 8 日编发了一期《医药行业动态信息摘报》,共摘编医药行业动态信息十五条,供公司决策层参阅。现仅节选目录部分如下:

一、1—2 月份医药业产值 2342.7 亿元,增长 21.4%。(来源:发改委网站)

二、发改委:出场中标价悬殊药品取消中标资格。(来源:京华时报)

三、医药工业"十二五"转向高级化,细分行业受宠。(来源:中国药店,周玉涛)

四、消化类药品价格调整方案解读。(来源:米内网专稿,研究员 吴俊杰)

五、医药业收购潮涌动,中小板创业板频出击。(来源:证券时报网)

六、药品首次大比例跌破中标价,对上市公司影响小。(来源:生意社 4 月 6 日讯)

七、国内医药私募投资崛起,非上市药企竞争加剧。(来源:医药投资周刊)

八、中国药品费用长期居高,远高国际水平。(来源:华夏时报)

九、永安药业被环保部督办后再排污,整改不力或被关闭。(来源:中国经济网)

十、卫生部部长陈竺:戒烟药将逐步纳入基本医保。(来源:解放日报)

十一、戒烟药物纳入医保,国际巨头分食三千亿市场。(来源:中国广播网)

十二、东北制药 VC 扩产尝恶果,净利润暴跌 832.96%。(来源:21 世纪经济报道)

十三、海普瑞业绩腰斩,神话破灭,天价新股高烧或破灭。(来源:南方都市报)

十四、云南白药:启动外延式扩张,整合医药资源。(来源:鹰眼跟踪)

十五、医药并购额复合增长超50%,资源整合方兴未艾。(来源:上海证券报,阮晓琴)

问题1:本案例在整理摘编信息时主要使用了哪些信息筛选法?

问题2:如果对案例第十、十一条信息进行校核,可采用哪种校核方法?

拓展训练

1. 作为公司秘书在平时工作中就应该主动做好信息服务工作,请列出公司秘书应提供信息服务的形式和种类。

2. 整理信息是秘书工作的基本工作内容之一,也是信息工作的核心任务。作为服务于领导的办公室秘书应当掌握一些整理信息资料的基本技巧,请谈谈在什么情况下可采用分类、卡片、摘要技巧整理信息?

任务3 拟写与制发信息简报

一、任务描述

1. 拟写与制发信息简报是对已经收集、整理的信息材料进行的一项信息开发、利用工作,也是提供信息服务工作的重要形式。该工作任务内容包括:根据领导需要对收集、整理的信息材料进行开发、加工,并按照一定的形式提供领导所需的信息。

2. 做好拟写与制发信息简报工作。首先,要明确工作目标和信息服务的目的;其次,加工、开发的信息既要有针对性,也要注重信息内容的真实性和有效性;最后,还要保证拟写与制发信息简报的规范性。

二、知识要点

1. 秘书工作中的信息简报概念

信息简报是各级行政机关,企业、事业单位系统内或机构内部用来下情上报、上情下达和互通情况、交流信息的一类文书,包括简报、通讯、情况反映、工作动态等具体类型。

2．秘书工作中的信息简报种类

（1）工作情况信息简报：主要用于反映工作中出现的新情况、新问题和一般工作进展情况，一般叫做工作信息简报。

（2）工作动态信息简报：是指反映某项工作、活动的进程或某一事件发展变化情况的信息。动态信息的内容着重说明已经发生或正在发生的客观情况。它的主题以本地区最近发生的重大事件或正在进行的重大活动为主，例如，重要会议、重要科研成果、知名人物的主要活动、重大政治变动，以及社会各方面最新情况、最新变化，如组工动态、市场动态、营销动态、科技动态、政策动态。

动态简报的特点是迅速及时、简明扼要地反映新近发生事件的时间、情况。这种简报内容新，反映快，动态性、时效性强。

动态简报一般有两种：工作动态简报和思想动态简报。工作动态简报主要反映本系统、本部门内部工作的正反两方面的新情况和新动态；思想动态简报主要反映公众对政府重大方针、政策的反映和认识，社会上某种思潮或思想倾向，各行各业各阶层的思想状况等。这类简报多见于有关单位编发的"内部参考"。这种动态简报一般具有内部参考和保密的性质，其流通、阅读范围有较严格的限定。

（3）经验交流信息简报：专门用来简要介绍一些工作经验的信息简报，一般也叫做工作信息简报。

（4）会议信息简报：在某一会议召开期间，为交流代表观点、反映会议动态而缩写的信息简报，一般多称作会议简报。

3．信息简报的特点

（1）真实性

编写信息简报是一项严肃的工作。信息简报中所反映的材料必须真实、可靠；对事物的分析解释必须坚持实事求是的科学态度，符合实际。事件、材料、数据要仔细核实。不管是反映成绩还是反映问题，都必须杜绝锦上添花或隐瞒真相的做法，更不能出于私情或个人好恶而作夸大或缩小报道。

（2）准确性

信息简报的准确性体现在内容、材料和语言等几个方面。内容要选择具有价值、值得重视的情况和问题；所运用的材料要经过调查研究、仔细核实，确保其真实性；语言的使用要准确、规范，要避免用词、用语不当，语义混淆。

（3）及时性

信息简报要写得快、编得快、印得快、发得快，以便及时向有关人员提供情况，使他们不失时机地处理问题、制定政策。重要的情况要在第一时间加以反映，一日一报，甚至可以一日数报，以便更好地发挥信息简报的作用。随着现代通信技术的发展，可以充分利用网络、传真和专线电话等现代化手段，加快信息传递的速度。

（4）新鲜性

新鲜事物的产生，往往包含着事物发展的必然性、普遍性。信息简报所报道的新情况、新经验、新动向应具有较大甚至很大的参考价值。如果信息简报反映的都是人所共知的旧闻，或仅有个案价值的事件，那就失去了它的作用和意义。

（5）简明性

信息简报的篇章通常都比较短小，因此，其内容必须简练。除综合性的信息简报外，一般信息简报均为一事一报，字数以千字左右为宜，最多不超过2000字，过长就不是"简报"了。如果可报道的内容确实很多，可以分几期编发。内容力求简明，行文平实为宜，不需作艺术描述、理论阐述，只将"什么情况"、"怎么回事"写明即可，也就是符合"5W1H"要素。

4. 信息简报的规范化格式

信息简报的结构，一般由报头、报核和报尾三部分组成。

（1）报头

报头在简报第一页上方，约占全页 2/5 的篇幅。其基本内容包括简报名称、期数、编发单位、印发日期四项。有的简报还在报头标出密级和编号。

（2）报核

报核一般由标题、正文和编写者三部分构成。报核是信息简报的主体部分，一般由导语、主体、结尾三个部分构成。

（3）报尾

报尾指简报最后一页下端，用以标注报送、发放的范围，可以是单位名称，也可以是领导的个人职务、姓名；另外，还可以在右下端注明"共印××份"。

三、任务实施

任务布置

"948"重点项目启动会在武汉市召开

2010年4月19—20日,中国农科院主持的"948"重点项目"主要农产品质量安全关键检测技术引进与示范应用"启动会在武汉市召开。农业部"948"项目管理办公室、科技发展中心和院科技局相关负责人和项目承担单位领导、专家共30余人参加了会议。

会议详细研讨了2010年项目实施方案,明确了各项目承担单位任务与目标,以及时间安排与要求。该项目是农业部"948"项目设置的第一个农产品质量安全检验检测技术类重点项目,参加单位包括中国农科院、云南农科院、广东农科院、浙江农科院、江苏农科院等单位。项目的实施将为促进我国农产品质量安全检验检测水平的提高和农产品质量安全监管水平的提高提供关键技术支撑。

某农业技术推广公司秘书小李加工整理了一条有关中国农科院主持的"主要农产品质量安全关键检测技术引进与示范应用"重点项目将于近期启动的信息,公司领导审阅后认为该信息的标题写得不好,要求小李修改。请代为小李修改该信息的标题后,套用规范的信息简报格式制发该信息。

任务指导

1. 小李首先通过认真阅读信息文本内容,掌握信息的主旨。
2. 在充分掌握信息主旨内容后,小李重新拟写了信息标题。
3. 信息标题修改完成后,运用规范的信息简报格式制发本期信息简报。

任务评估

评价方式:学生自评、小组评价和教师评价(评价过程可采用评价表格进行,如表4-3所示)。

评价依据:

1. 是否明确拟写与制发信息简报任务的目的,任务过程是否符合工作程序,拟写和制发两个工作环节是否具备。
2. 拟写信息文稿应符合一般文稿写作要求和规范。

3. 套用的信息简报格式,结构要完整、规范。

表 4-3　拟写与制发信息简报评分表

任务: 拟写与制发信息简报							
组长:　　　　　组员:　　　　　　　指导教师:							
拟写信息程序(15分)	制发信息环节(25分)	拟写信息目的(25分)	修改信息目的(15分)	套用信息格式(20分)	自我评分(20%)	小组评分(30%)	教师评分(50%)

四、实践训练

📖 案例讨论

工作情况信息简报

背景:

市场经济条件下,在非公有制企业建立中国共产党的组织,是新形势下党建工作的新课题,并无历史经验可借鉴,各地党组织也都在探索当中。天津山西商会党委通过积极探索,取得了一些成功的经验。天津山西商会党委组织部就此编发了一条这方面的党建工作信息,以供借鉴学习。

党建工作信息简报
第十九期

天津山西商会党委组织部　　　　　　　2011 年 12 月 28 日

编者按:

有人认为,向非公有制企业派出党建指导员是"挂虚名,走过场,民企难以接受"。张儒龄,天津稀有金属交易市场有限公司党建指导员。作为天津山西商会 3 年来选派到 50 家非公企业的党建指导员之一,他以努力的工作和显著的成效充分说明,党建指导员在党建空白的非公企业同样可以开花结果。

让无党员的非公有制企业也有党的工作
——记天津稀有金属交易市场有限公司党建指导员张儒龄

张儒龄,天津山西商会专职副秘书长,今年63岁,老党员。

2008年12月起,商会党委先后向50家无党员的非公会员企业选派了党建指导员,张儒龄作为首批指导员被选派到天津稀有金属交易市场有限公司。该公司规模较大,但企业中无党员,不具备建立党组织的条件。该同志上任后,采取了党建指导员在企业中"引导不领导、参与不干预"的工作方法,逐步提高企业投资人对党建重要性的认识,取得投资人支持,按照把企业党组织"建起来、动起来、活起来"的三步骤,把党建融于企业经营之中,积极开展工作,迅速打开了党建工作的局面。

一、创新组织设置,把党组织建起来

他进入企业后,首先从帮助企业经营解难题,与投资人交朋友入手,融洽了相互间的关系。2009年,该企业需要招收员工,他建议企业投资人把"党员优先"列入招聘条件,使企业有了两名党员。然后,他本着"行业相同、地址相近"的原则,在商会党委帮助下,与只有一名党员的天津大宗煤炭交易市场有限公司协调,成立了联合党支部。由于党支部书记人选条件不成熟,商会党委又任命他兼任了该党支部的指导员。然后,他结合两个企业员工基本是青年的特点,积极与企业投资人沟通,在两个公司里分别成立了团支部,增加了党的工作助手力量。

二、创新活动内容,让党组织动起来

党支部成立后,他开始建设学习型党支部,制定集体学习制度,亲自为党员做主题教育培训。在开展党组织活动时,他邀请企业投资人参加,还与投资人共同制定了紧密结合企业又好又快发展实际的党建活动内容。

他开展活动,先从丰富员工文化生活入手,结合企业投资人的爱好,由党支部牵头、团支部承办,开展了员工体育比赛活动和员工集体演唱红歌,还申请购买了印有企业名称的演出服装。在商会全体会员参加的红歌大赛上,该企业的红歌演唱评为第一名,实现了投资人希望展现企业精神面貌的愿望。

为凝聚员工人心,他积极配合企业投资人,参与起草并建立了以团队精神为核心的企业文化。同时,建议并组织开展了丰富多样的"技能练兵、服务提升"等党团活动。他协调企业投资人,连续两年特批活动经费,由党支部牵头,带领员工分期去上海世博会、西柏坡参观学习,既受到了教育,也为企业投资人与员工之间搭建了沟通平台,进一步增进了企业和谐的氛围。从而促进了企业的业绩不断增长,也增强了党组织在企业员工中的影响力。

三、创新活动载体,让党的工作活起来

2009 年以来,他在投资人支持下,开展了两次由党支部牵头,组织党团员和青年"为企业提合理化建议"的活动,先后为企业提出市场拓展、规范管理等建议 50 多条,其中,40 多条有价值的建议被投资人采纳,有力地推动了企业发展,增加了经济效益,同时,也提高了投资人支持党建工作的积极性。

他在指导企业党组织开展创先争优活动中,还把"企业有发展与员工得实惠"结合起来。他主动选择和投资人结对子,开展经常性的谈心,交流提高员工收入、凝聚员工人心对公司发展的好处。投资人对他的建议均予采纳,立即建立了工资逐年增长机制和健全员工激励机制,受到广大员工的一致好评。

2010 年,他提出由党支部牵头组建"企业员工思想工作网",安排党员和团干部帮扶困难员工,与有思想情绪的员工结对子,及时解决困难和化解矛盾,进一步维护了企业和谐劳动关系。2011 年 7 月 1 日,在商会全体会员大会上,商会党委公开表彰天津稀有金属交易市场有限公司的党建工作,并树立该企业为"建设和谐劳动关系"的示范典型。

三年来,在他日常潜移默化的引导、帮助下,两个公司的企业投资人的思想政治素质都有了明显提高,先后向企业党组织递交了自己的入党申请书,并主动为党组织建立党员活动中心。同时,投资人决定:"公司的经理办公会邀请党建指导员参加。企业的重大决策,特别是涉及职工利益的决策,要事先征求党支部的意见。"这使企业党组织的作用得到充分发挥。鉴于该企业投资人薛树康董事长支持党建工作事迹突出,被天津市非公有制经济组织党工委及各省(区)驻津办党委先后评为天津市"党建之友"。

经过他三年的努力,目前,党支部已由最初成立时的 3 名党员增加到 7 名党员;其中两名党员被培养成企业中层干部,10 名企业骨干申请入党,其中 1 名骨干被培养成为预备党员,为下一步将联合党支部改建为两个独立党支部奠定了基础。

商会党委在深入该企业开展员工对企业党员评议时,党支部和全体党员被员工们一致评为满意。特别是党建指导员张儒龄同志的工作,得到了广大员工的高度评价。投资人高兴地说:感谢商会给我们公司派来了"政委"。(党委组织部)

报送:商会党委各领导;
发送:各党总支、各支部,党委各部门。

共印 65 份

问题1：从信息简报的结构上分析，本案例由哪几部分组成？

问题2：本案例的报核部分由哪几个部分构成？

问题3：本案例的标题写法有何特点？

问题4：本案例的正文内容从哪几个方面概括了工作做法？

问题5："编者按"有何作用？

拓展训练

1. 在处理日常事务工作中，批阅文件是公司领导每天要面对的一项工作。作为公司秘书该怎样将领导从大量的批阅文件事务中解脱出来？编写文件摘报无疑是一种有效的方法。请谈谈如何做好文件摘报工作。

2. 请选择一家单位，开展一次专题信息工作调研活动，看看该单位是怎样开展信息开发与编写工作的。

任务4　信息的传递与应用

一、任务描述

1. 秘书工作中的信息传递与应用是秘书人员采用一定的方式，通过一定的途径，为领导决策需要而提供的决策信息服务；信息应用主要体现在领导决策过程中，也包括应用在分析、统计、报表、规划等工作中。该工作任务的内容：根据领导决策需要有针对性地利用信息资源，并采用一定的传递方式，通过一定的途径及时、准确、有效地传递信息。

2. 做好信息传递与应用工作。首先，要有明确的工作目标和针对性，这是保证信息有效传递和应用的基础；其次，采用适合的传递方式和妥当的途径，也是传递信息内容的真实有效性和安全性的保证。

二、知识要点

1. **信息传递的定义**

信息传递是指人们通过声音、文字、图像或动作相互沟通消息。

2. **信息传递的三个基本环节和要素**

信息传递程序中有三个基本环节：第一个环节是传达人为了把信息传达给接受人，必须把信息"译出"，成为接受人所能懂得的语言或图像等；第二个环节是接受人要把信息转化为自己所能理解的解释,称为"译进";第三个环节是接受人要把自己对信息的反应再传递给传达人,称为"反馈"。

总之,信息传递就是以信息提供者为起点,通过传播媒介或载体,把信息传递给信息的接收者。信息传递的要素包括:信源、信道和信宿。

(1) 信源:信息的来源,分为原生源和再生源。前者生成信息,以原始信息的形式直接进入信息传递;后者是指经过收集、加工后以二次信息的形式进入传递。

(2) 信道:信息传递的通道,包括信息传递的媒介和运行方式。

(3) 信宿:信息传递的终点,即信息的接收者。信宿可以是个体、群体和组织。

3. 信息传递的方式和方法

(1) 秘书工作中传递信息的方式有很多种,一般包括以下几种:文件、信函、备忘录、通知(公示)、传阅单、内部刊物、新闻稿、新闻发布会、声明、邮件。

(2) 以上信息传递的方式可概括为以下几种传递方法:文字法(文件、信函、备忘录、图标、通知、传阅单、内部刊物、新闻稿等);语言法(电话、新闻发布会、口头声明等);电子媒介(传真、投影、影视、电子文件、电子邮件等)。

4. 信息传递的途径和方向

信息传递的途径主要有内部途径、外部途径和网络途径。内部途径是指系统内专门的信息工作部门、人员和设备手段,内部途径具有传递迅速、保密性强、安全性高的特点。外部渠道主要是利用专业的社会化大众传播与通讯手段。网络途径包括利用万维网络和建立内部局域网的手段。

信息传递的方向分为内部方向和外部方向。

内部方向:组织内部之间进行信息交流和沟通。包括向上级领导传递的方向、部门之间平行传递的方向和向下级机构传递的方向。内部方向传递的信息形式主要有:备忘录、信息简报、信息摘报、情况反映、信函、通知、公示、传阅单、内部刊物等。

外部方向:有效利用大众媒体和媒介或自有媒体与媒介进行信息传递。外部方向传递的信息形式主要有:新闻稿、新闻发布会、报刊声明、邮件等。

5. 信息传递工作程序

```
┌─────────┐   ┌─────────┐   ┌─────────┐   ┌─────────┐   ┌─────────┐
│ 传递者  │   │ 选择传  │   │ 确定传  │   │ 确定传  │   │ 信息    │
│ 确定传  │──▶│ 递信息  │──▶│ 递信息  │──▶│ 递信息  │──▶│ 接收者  │
│ 递信息  │   │ 的形式  │   │ 的方法  │   │ 的途径  │   │         │
│ 的内容  │   │         │   │         │   │ 与方向  │   │         │
└─────────┘   └─────────┘   └─────────┘   └─────────┘   └─────────┘
```

6. 信息的应用形式

（1）编写信息简报；（2）编发新闻稿件；（3）融入文件；（4）编发内部参考资料；（5）提供决策参考等。

三、任务实施

❀ 任务布置

最近,某公司生产的电瓶自行车出现滞销现象,各地经销商也纷纷遭遇退货风潮,社会上不断传出该公司电瓶车为降低成本,原材料以次充好,质量下降欺骗消费者的传言。与此同时,个别消费者和竞争对手也发表言论诋毁该公司的形象。虽经公司及时澄清,但事态发展愈演愈烈,甚至公司内部员工也议论纷纷。通过公司营销部门的调查,发现社会公众因误传该公司产品质量问题,导致公司信誉度下降,从各方面反映的信息来看,公司秘书小李意识到可能是竞争对手故意使坏。小李将自己的判断汇报公司领导后,引起领导的高度重视,责成有关部门立即调查处理。

面对此次事件,小李将如何进行相关调查处理的后续信息处理与传递工作?

❀ 任务指导

1. 查明信息的来源和传递的媒介及运行方式,判明不利企业的信息接收者。

2. 针对源生信息和二次信息,做好相应的反馈信息准备。

3. 信息反馈时,对内反馈可采用"信息简报"、"情况反映"等媒介;对外反馈可采用"新闻稿"、"报刊声明"等媒介传递。

❀ 任务评估

评价方式:学生自评、小组评价和教师评价(评价过程可采用评价表格进行,如表4-4所示)。

评价依据:

1. 是否明确信息传递与应用任务的目的,任务过程是否符合工作程序,三个工作环节是否具备。

2. 采用的信息传递形式、方法、途径和方向是否正确、有效。

表4-4 信息传递与应用评分表

任务:信息传递与应用							
组长:		组员:			指导教师:		
传递程序与环节(15分)	信息传递形式(25分)	信息传递方法(25分)	信息传递途径(15分)	信息传递方向(20分)	学生评分(20%)	小组评分(30%)	教师评分(50%)

四、实践训练

☞案例讨论

为选定合作单位提供决策信息服务

背景:

某公司计划开展一项新业务,初步选定三家合作意向单位。公司领导要求秘书小李协同市场开发部门收集整理这三家单位的相关信息资料,以便于深入了解和研究合作单位情况,从而最终确定合作单位。小李接受任务后立即着手开展工作,不久便收集整理出了三家单位的众多信息材料。由于涉及的数据较多,小李将这些数据进行了深入研究和加工,制作出系列数据统计图表,同时采用信息简报和电子邮件的形式和方法及时传递给公司领导。领导看后十分满意,对小李大加赞赏。由于数据图表信息不仅系统、全面,而且制作形式清晰、一目了然,据此信息,公司很快就选定了合作单位。

问题1:本案例是如何体现信息传递工作的三个基本环节的?

问题2:小李采用了哪几种信息传递的方式方法?

问题3:小李选择了怎样的信息传递途径和方向?

📖 **拓展训练**

1. 语言传递信息是秘书常用的信息传递方法,请谈谈语言传递信息的主要形式。

2. 备忘录是秘书常用的信息传递形式,请制作备忘录的格式模板。

▶ **任务 5　信息的存储与归档**

一、任务描述

1. 信息的存储与归档就是将收集到的和经过加工整理的信息,按照一定的科学方法存储起来,并加以管理,以备今后有效利用。信息的存储与归档工作不是一项孤立的工作,而是贯穿在整个信息工作过程中的。该工作任务的主要内容包括:判断信息价值、分类整理信息、确定信息存储方式、按类归档保存。

2. 做好信息的存储与归档工作。首先,要对信息进行价值判断,以确定信息的存储价值;其次,对需存储的信息进行分类;最后,选择信息的存储方式、存储介质,将信息按类别保存在装具内。

二、知识要点

1. 信息存储

信息存储就是将收集的或经过加工处理后的具有保存价值的信息,用科学的管理方法保存起来,以备今后更好地利用。

2. 信息存储的介质和工具

(1) 信息存储的介质:纸张、光盘、磁盘、胶片。

纸张:包括文件、文字资料、报纸、杂志等。纸张的优点:存量大,体积小,便宜,永久保存性好,具有不易涂改性,并与保存数字、文字和图像一样容易。缺点:传送信息慢,检索起来不方便。

光盘、磁盘:包括存储各种图片、影像和文字内容的机读塑料、金属和玻璃等材料的介质。优点:存取速度极快,存储的数据量大。

胶片:包括记录影像、声音、图片以及文字的一般胶片和经过缩微处理的磁性与非磁性胶片介质。优点:存储密度大、查询容易。缺点:阅读时必须通过专用设备,不方便,价格昂贵。

(2) 信息存储的工具:文件夹、档案盒(袋)、文件柜、文件架、计算机。

3. 信息存储的主要方式

(1) 手工存储:以手工方式将记录有信息的包括纸质文字材料、光盘、磁盘、胶片等信息原件放入文件夹(袋)、档案盒或档案柜等保存工具中。

(2) 根据信息原件编制出检索工具,并与信息原件一并存入保存工具中,以便检索利用。

(3) 计算机存储:将数据库、电子文件、电子表格或经计算机应用程序形成的信息保存在计算机当中。

(4) 电子化存储:目前企业普遍采用的方式。主要是利用电子文件管理系统存储信息,包括经电子扫描后形成的 PDF 等格式的图片文件,存储于光盘或计算机磁盘中,便于利用计算机检索系统检索利用。

4. 信息归档

信息归档是指信息工作部门将其在职能活动中收集的,加工、利用完毕的各种载体的信息材料,经过鉴别、筛选,采用一定的方式方法分类整理后,并按照一定的顺序排列整齐放入保管工具中保存。

三、任务实施

✿ 任务布置

某月下旬的一天,办公室主任要秘书小李整理办公室的文件资料,要求他将具有保存价值的文件资料分类别整理后,按一定的顺序摆放在文件柜中。小李发现需要整理的文件资料有文件、书籍、杂志、报纸、照片、光盘和各种表格、合同、广告、宣传单、建议书、调查报告、产品手册、工作计划和报告等众多类型,而且这些信息资料的时间从 2004 年到 2010 年的都有。

请问小李将采用怎样的方式方法来整理存储这些信息资料?

✿ 任务指导

1. 首先将信息载体按信息存储介质的不同进行分类。

2. 判断信息价值,将需保存的信息。

3. 采用时间特征结合内容特征的方法,分类排列并放入保管工具中。

任务评估

评价方式:学生自评、小组评价和教师评价(评价过程可采用评分表格进行,评分表格如表4-5所示)。

评价依据:

1. 是否能够准确判断信息资料的保存价值。

2. 信息资料分类保存的方法是否合理科学,便于以后查找。

3. 能够熟练应用信息存储的方式方法保存信息。

表4-5　信息存储与归档评分表

任务:信息存储与归档							
组长:		组员:			指导教师:		
存储工作环节 (15分)	信息价值判断 (25分)	存储方式 (25分)	存储方法 (15分)	分类保存 (20分)	自我评分 (20%)	小组评分 (30%)	教师评分 (50%)

四、实践训练

☞案例讨论

信息存储的"双保险"

背景:

某公司信息处曾发生过因计算机操作不当,将存储的信息丢失的事故。小张任处长后,改变了原来管理信息全部只录入计算机存储的方式,要求将已使用的信息和未使用的信息,分别录入计算机。未使用的信息录入后,信息原件和纸质载体同时保留,原件是电子载体的要打印一份纸质载体,并将所有存储信息的纸质载体统一编码,装订存储。电子载体另行保存。他的做法开始遭到了大家的反对,本来不大的办公室,因又摆进了几个档案柜,显得拥挤不堪,再说越来越多的文件装不下怎么办? 小张耐心地向大家解释,纸质信息载体和电子信息载体在保存上各有利弊,纸质信息载体虽然占用空间较多,但是阅读方便、直观,损毁的可能性较小;电子信息载体虽然检索容易,但是一旦出现故障,保存的信息资料就将全部消失。所以,要实现信息存储"双保险",两种方式都要用,这就是档案管理工作的"双套制"。至于担心今后文件装不下,可以采取凡是保存时间超过三年的纸质载体信息资料,要重新鉴别、筛选,并淘汰其中的大部分,这样循环往复,就不会出现越积越多装不下的情况了。

问题1:小张的"双保险"信息存储方式,采用了档案管理工作中的什么管理制度?

问题2:小张的"双保险"信息存储方式,不仅考虑了信息存储与管理工作的方便,而且体现了信息工作的安全性原则,请谈谈信息安全的内容。

问题3:小张任处长后都采取了哪些方式方法来存储信息材料?

拓展训练

很多办公室秘书都有收集文件信息资料的习惯,但是由于平时不及时整理、筛选、分类存储和归档,日积月累收集到的各种文件、表格、参考书、广告、计划总结、报告等信息资料装满了几个抽屉,一旦领导需要某一方面的信息,却又难于及时找到。请联系一家公司,协助秘书对抽屉里的信息资料进行全面的整理、筛选、分类存储。

项目五

调研服务

项目简介

本项目涉及的工作环节包括：确定调研任务和目的、制订调查问卷、开展调查、综合分析、撰写调研报告等。旨在培养学习者熟悉调研工作的一般过程，明确调研任务与目的，确定调研课题，分析调查材料，掌握拟写调查报告的方法与必要的技能。

任务1　拟定调研课题

一、任务描述

1. 调查研究作为秘书的工作内容之一，主要是为领导决策和指导工作提供决策依据和准确的信息服务。从整个工作过程看，该任务包括调查和研究两个环节。因为，围绕领导需要开展调查是首要环节，所以，拟定调研课题是首要环节的首要因素。

2. 拟定调研课题主要包括领导授命和自主拟定两种情况。

二、知识要点

1. 拟定调研课题的准备工作

（1）提出需要调研解决的问题

首先围绕调研目的提出需要调研的问题，然后论证问题的合理性、现实性、必要性和针对性。有时提出问题比解决问题更重要。

（2）根据提出的问题明确调研的类型

秘书调研的类型主要包括：基本情况调研、指导工作调研、政策反馈性调研和专题调研四种类型。

2. 明确调研的类型与调研目的

（1）基本情况调研

为领导和领导机关提供系统性的管理信息和重要参考情况，主要解决管理工作中的问题。

（2）指导工作调研

为了对本系统、本单位的全面工作实施有效的管理和控制而进行的调查，属于指导工作的调查。主要包括：督促检查性调查、典型经验性调查、解决问题的现场调查等。

（3）政策反馈性调研

既是对各项政策、措施落实情况的检验，又为调整或制定新的政策、措施提供可靠依据。对于企业而言，政策反馈性调研侧重于提供企业的生产经营或产品在市场上的经营状态和销售情况，企业领导层据此信息来调整、制定生产经营活动的政策和销售措施。

（4）专题调研

是针对具体项目、问题而进行的调查。特点是调查面窄，调查对象集中、单一，常用于事件的调查、某一问题的调查、市场的调查、典型经验或错误的调查、领导交办的情况反映调查等。

3. 拟定调研题目

秘书调研题目，有领导明确指示，也有秘书拟定经领导确认的，还有有关部门委托秘书部门组织实施的题目。

拟定调研课题的要点：

一要围绕各个时期的工作中心选题；二要围绕领导的决策需要选题；三要围绕热点、难点、疑点问题选题；四要围绕倾向性、趋向性问题选题。

三、任务实施

任务布置

情境 1

某礼品公司近年来发现,传统纸质办公台历的销量逐年下降,而多功能电子台历的销售则呈现出逐年上升势头。面对这种情况,公司要求销售部经理助理小李做一次调研,为调整公司的产品结构提供参考依据。

请问小李将如何根据调研目的确定调研类型和拟定调研课题?

情境 2

某物业管理公司高层最近不断接到本公司管理的多个居民小区投诉管理服务的问题,同时也接到公司内部反映物业管理费难以收取的问题。公司高层要求秘书小李针对上述问题做一次调研,查清问题所在。

请代秘书小李拟定一个调研课题。

任务指导

1. 首先,小李要明确公司调研的目的是为了适应市场需求,调整公司产品结构;其次,此次调研是针对某一类商品的市场销售情况,属于专题类调研;最后,小李拟定调研课题为"近年来办公台历礼品销售市场的冷与热"。

2. 无论是小区居民投诉的物业管理问题还是公司内部反映的物业管理费难以收取的问题,都集中反映了居民小区物业管理的问题,因此,小李围绕这个问题拟定了以"居民小区物业管理状况的调查"为调研课题。

任务评估

评价方式:学生自评、小组评价和教师评价(评价过程可采用评分表格进行,评分表如表5-1所示)。

评价依据:

1. 调研任务与目的要明确。

2. 确定的调研课题要有现实意义。

3. 拟定的调研类型要准确可行。

表5-1 拟定调研课题评分表

任务:拟定调研课题							
组长:		组员:			指导教师:		
提出调研的问题（15分）	确定调研的目的（25分）	明确调研的类型（25分）	拟写调研题目（25分）	团队合作（10分）	自我评价（20%）	小组评价（30%）	教师评价（50%）

四、实践训练

案例讨论

1. 公司秘书小李的日常工作主要是行政管理助理和事务性管理,主要为公司高层和公司行政领导提供系统性的行政管理信息与管理决策信息服务。平时他也做一些调研工作,供公司领导参考。他的调研课题主要来自以下几个方面:

一是每天收到的文件、信息简报、信函、报纸等;

二是部门间工作联系、交流的信息资料;

三是利用档案资料。

问题1:请问小李的调研课题主要是来自领导授命还是自主拟定?

问题2:小李在日常工作中所做的调研课题主要属于哪种类型的课题?

2. 2011年11月28日上午,排云楼宾馆党支部召开"解放思想当先锋、跨越发展做标兵"分析调研专题会议,会议传达了学习景区大讨论活动办公室下发的关于第二阶段即分析调研阶段有关工作通知的精神,并对前阶段的理论学习进行了小结。会议围绕"推进科学发展、如何打造旅游景区精品酒店"展开了广泛讨论。与会人员以高度的思想政治觉悟,结合各自的工作实际,纷纷畅所欲言,积极建言献策,分别就强化硬件水平、丰富营销手段、保障职工收入、努力节能降耗及提高经营收入等方面提出了诸多建设性的意见和建议。会议最后确定排云楼宾馆此次大讨论活动的调研课题为"创建高山精品酒店、争当景区行业标兵",并制定了现场调研、书面征求意见和专题座谈三种形式的调研工作方案,落实了各项调研责任人员和工作职责。

问题1:请问排云楼宾馆党支部的调研课题是怎样确定的?

问题2:排云楼宾馆党支部的调研课题属于哪种类型的课题?

拓展训练

"融资难"问题已成为目前制约我省中小企业和民营经济发展的瓶颈因素。省委省政府很重视中小企业"融资难"问题,省中小企业局已将"融资难问题"列入今年专项调研课题。为了全面了解我省中小企业融资状况、存在问题及其原因,制定并出台缓解"融资难"问题的相关政策,开展专题调研。

调研内容:

一、我省中小企业、民营企业融资的基本情况;

二、"融资难"问题的基本表现及其形成原因;

三、政府、金融机构和担保机构在缓解或解决"融资难"问题方面所起的作用;

四、缓解"融资难"问题的对策和措施。

请根据以上背景材料确定一项调研课题并拟写出调研题目。

任务2 问卷设计与调研

一、任务描述

1. 掌握和应用问卷调查,是秘书做好调查研究工作必备的基本技能之一。从整个工作过程上看,问卷调查工作包括调查问卷的设计和实施调查两个环节。

2. 设计调查问卷的关键是问卷题型的设定,常用的问卷题型主要包括封闭式题型和开放式题型。

二、知识要点

1. 调查问卷的类型

(1)封闭式调查问卷:根据调查目的拟定好若干个问题,并在每个问题下列出多个答案供答卷者选择或判断的一种问卷调查法。

（2）封闭式问卷答题形式有五种：选择题、是非判断题、意见程度选择题、对比选择题、排序选择题。

① 选择题分为单项选择和多项选择两种。例如：

单项选择题：下列哪类商店是您选择最多的购物场所？

a. 百货商店　b. 大型超市　c. 便利商店　d. 杂货市场　e. 其他

多项选择题：您是通过哪些渠道知道某产品的？

a. 电视广告　b. 报纸广告　c. 广播广告　d. 户外广告　e. 别人介绍

f. 商场所见　g. 其他

② 是非判断题的回答方式多从"是"与"否"、"同意"与"不同意"两个答案中做出选择。例如：

您觉得企业文化建设对于一个企业来讲是否重要？

a. 重要　　　　　　b. 不重要

③ 意见程度选择题一般是用一种固定答案格式直接测量答题者的行为、感觉、意见等态度强弱程度。例如：

您对某产品的整体评价是怎样的？

a. 不好　　　b. 一般　　　c. 较好　　　d. 好　　　e. 非常好

④ 对比选择题是通过对评比对象的对比来测量调研对象态度的一种方法。例如：

在超市食品区您经常注意的是哪一种品牌？

a. 康师傅　　　　　　b. 统一

⑤ 排序选择题除了需要了解调研对象的答题类别，也需要知道调研对象对各个选项的重视程度，这种题型需要调研对象根据自己的标准答案进行排序。例如：

在购物时，您会考虑商品的哪些因素？

a. 品牌　　b. 质量　　c. 包装　　d. 价格　　e. 广告

f. 售货服务　　g. 购买商家　　h. 其他

（3）开放式调查问卷：只列出比较抽象的或比较宽泛的问题，供答题者较为自由地回答。例如，请您谈谈购买住房的条件。

2. 调研的方法

（1）常用的调查方法有以下三种：重点调查法、典型调查法、抽样调查。

① 重点调查法是根据调查研究的目标的和主题，选择重点对象进行深入调查的一种调研方法。

② 典型调查法是根据调查性质和目标，有意识地选择典型作为调查对象

进行调查。典型调查是调查人员主观选定的,而抽样调查是按照一定的规则取样,两者有区别。

③ 抽样调查是根据一定的规则进行抽样调查,分随机抽样和非随机抽样两类。随机抽样包括简单随机抽样、分层随机抽样和分群随机抽样。非随机抽样包括判断抽样、任意抽样和配额抽样等。

（2）常用的研究方法:利用调查所收集的数据资料,可采取定量或定性研究的方法。

① 定量研究是指主要搜集用数量表示的资料或信息,并对数据进行量化处理、检验和分析,从而获得有意义的结论的研究过程。定量的意思就是说以数字化符号为基础去测量。

定量研究采用统计的方法,将数据定量表示,并将结果从样本推广到所研究的总体。定量研究的分析类型属于统计性、总结性。定量研究主要以数据、模式、图形等来表达。

② 定性研究方法是根据社会现象或事物所具有的属性和在运动中的矛盾变化,从事物的内在规定性来研究事物的一种方法或角度。

定性研究的结果没有经过量化或定量分析,只获得对所调查问题特征的认知,即它是什么及为什么的初步理解。定性研究的分析类型属于主观性、解释性。定性研究结论多以文字描述为主。

三、任务实施

任务布置

情境 1

为配合开展文秘专业人才培养规格改革和教学内容的调整工作,获取现实中真实可靠的相关资料,学校要求小李设计一份"关于文秘专业毕业生在职工作情况的调查问卷"。

请你代小李设计一份封闭式调查问卷。

情境 2

在进行"文秘专业毕业生在职工作情况的调查"过程中,小李发现除了办文、办会和办事工作能力以外,有些单位的秘书工作岗位还需要其他特殊的知识、能力和素质要求。

请问小李该选择怎样的调研方法来获取这方面的情况?

任务指导

1. 准备调查问卷

小李首先要明确一份调查问卷的基本结构都包括哪些部分。调查问卷的一般结构应当包括问卷标题、问卷说明和答题方法、调查的问题（与答案）三部分。

2. 准备调查问题

小李在设计调查问卷时，应当将重点放在问题以及答案的设计上。尤其需要注意的是，一是题量不宜过多，一般以 30 分钟答完为宜；二是问题要简洁、准确、通俗易懂；三是问题的排列应先易后难，先简单后复杂；四是问题排列间的逻辑关系和可能引起答题者的种种心理反应，避免发生理解性答题错误。

3. 准备调查方法

小李在选定调研方法时可选择典型调查法。

任务评估

评价方式：学生自评、小组评价和教师评价（评价过程可采用评分表格进行，评分表如表 5-2 所示）。

评价依据：

1. 拟定的问卷标题要准确。

2. 问卷的结构要完整、规范。

3. 问卷的问题设计要合理、科学，符合逻辑。

4. 选定的调查方法要科学可行。

表 5-2　问卷设计与调研评分表

任务：问卷设计与调研							
组长：　　　　　组员：　　　　　　　　　指导教师：							
问卷标题的设计（15分）	问卷结构的设计（25分）	问卷问题的设计（25分）	调查方法的选定（25分）	团队合作（10分）	自我评价（20%）	小组评价（30%）	教师评价（50%）

四、实践训练

案例讨论

关于大学生就业问题的调查问卷

先生/女士：

你好，随着中国经济的不断发展，整个社会对高等学校毕业生的要求进一步提高。近些年，我国高校大规模扩招，大学生就业市场出现了新的形势。为了更好地了解当前大学生的就业心态，以便为广大同学在求职时提供更好的参考意见，我们特别组织了这次调查，希望能够得到你们的支持与合作。

请将您认可的答案编号如实填写在问题后的括弧内。

1. 就你的了解，大学生毕业参加工作初期月薪是多少？（　　　）

　A. 1000 以下　　　B. 1000～1500　　　C. 1500～3000　　　D. 3000 以上

2. 现在大学毕业生很多，他们会不会对你们的工作形成压力？（　　　）

　A. 很大压力　　　B. 一般　　　C. 不会有压力

3. 很多人认为名牌大学学生能力方面要比一般大学学生强一点，你觉得这种说法对吗？（　　　）

　A. 正确　　　B. 不对　　　C. 难说

请就下面几个问题谈谈自己的看法和感想：

1. 大学生这个群体在社会总就业群体中地位如何？有没有优势？如果有，在什么地方？

2. 现在大学生手头的一些证书给他们的就业带来多少便利？你对大学生中"证书越多越能找到好工作"这一观点赞同么？为什么？

3. 简谈一下你的就业经历，你是如何找到现在这份工作的？

问题1：该案例的调查问卷都由哪几个部分构成？

问题2：该问卷的问题部分中，哪些问题采用了封闭式题型设计？哪些问题采用了开放式题型设计？

📖 **拓展训练**

盛大公司即将推出一款新产品：只要您家里有电脑、宽带网，接上它就可以看卫星电视、看电影、看书、听书、听音乐、听全国各地的广播电台、唱卡拉OK，还可以炒股、看新闻、玩游戏，而且只需一个遥控器就能全部操作，您全家老少都可以轻松上手使用。

请设计一份新产品调查问卷。

要求：问卷结构要完整；题型设计包括封闭式和开放式。

任务3 个别访谈与集体座谈

一、任务描述

1. 访谈，顾名思义就是调查者"寻访"、"访问"被调查者，并与其进行"交谈"和"询问"的一种活动。根据访谈参与者的人数，访谈的类型可分为个别访谈与集体座谈。访谈是一种双向交流活动，是一种通过访谈者与被调查者之间的沟通与互动获得调查资料的调查方法，也是秘书工作中常用的调查方法。

2. 在进行访谈时要注意掌握的几个特点：面对面的双向互动性；访谈过程的灵活性；注意发挥访谈者的主动性和创造性。

二、知识要点

1. 个别访谈的工作要点

（1）目的明确，调查的问题要集中。尤其是领导交代的任务，一定要明确领导的意图，切不可偏离主题。

（2）事先了解调查对象的身份、经历、性格、爱好、生活习惯及其所在的工作环境。

（3）选择恰当的访谈时间和时机，预约访谈时间，并征求对方的同意。

（4）根据访谈对象的不同特点，选择不同的交谈方式。要注意场合和分寸，不能超越授权范围任意表态和发表意见。

（5）如现场需要记录，应先征求到对方的同意，现场不宜记录的可在事后追记，谈话记录要真实、客观。

2. 集体座谈的工作要点

（1）选择好调查对象。调查对象应是了解情况、善于抒发己见、能代表各方面意见的代表性人物。

（2）掌握好与会人员的人数。数量适当不宜多,既有利于收集准确、真实的第一手资料,又便于掌控会场。

（3）调查前做好预案工作。准备提问的问题宜精不宜杂,最好能够提前通知,使对方有所准备。

（4）调查者要注意发挥主导作用,不仅主持座谈会,而且随时引导发言,不断深化主题。

（5）注意建立民主、融洽的会议气氛,主持者要态度谦逊,多听勤记少说,避免喧宾夺主,更不能粗暴地打断他人发言。

三、任务实施

任务布置

情境

大学生就业难问题,是社会普遍关心的问题。这个问题的产生不仅仅是大学和大学生自身的原因所造成的,也有社会和企业的一部分原因。请就这一问题开展专题访谈活动,可采用个别访谈或集体座谈的方式进行。

任务指导

1. 访谈前必要的准备

为了保证访谈效果,一般需要事先设计准备访谈问卷或访谈提纲,提前交给对方准备。

2. 访谈方式的准备

（1）非正式的访谈。首先自我介绍,要求顺畅、清晰,目的是要对方尽快了解自己的意图,同时获取他人的信任;其次说明访谈的目的,并使对方愿意配合调查活动,产生回答问题的意愿。

（2）事先约定的访谈。在进行事先约定的访谈时,自我介绍要求简洁、明了,应尽快带领调查对象进入谈话的氛围和状态,同时要避免过于生硬。

3. 访谈类型的准备

（1）事先准备好问卷或详细提纲的,可进行结构式访谈;

（2）事先仅粗略准备提纲的,可进行非结构式访谈。

4. 访谈程序与技巧的准备

(1) 准备访谈现场；

(2) 谈话与记录技术：提问的技巧与听取回答的技巧,访谈记录与资料整理；

(3) 引导与追问技术：一定要适时和适度；

(4) 结束访谈。

❋ 任务评估

评价方式：学生自评、小组评价和教师评价(评价过程可采用评分表格进行,评分表如表5-3所示)。

评价依据：

1. 访谈目的要明确。

2. 访谈准备工作要充分,要有访谈提纲或问卷。

3. 访谈过程顺畅,访谈者的现场控制能力好,应变能力强。

表5-3 (个别或集体)访谈评分表

任务：(个别或集体)访谈

组长：　　　　　　　　组员：　　　　　　　　　　　　　　指导教师：

访谈目的 (15分)	访谈对象 与类型 (15分)	访谈提纲 或问卷 (25分)	访谈过程 与现场 控制 (35分)	团队合作 (10分)	自我评价 (20%)	小组评价 (30%)	教师评价 (50%)

四、实践训练

☞ 案例讨论

案例1：

个别访谈提纲

前言：您好。我叫×××,是××单位的。今天找您想了解一下您对现在开展的"乡村健康金话筒"活动有什么看法。看法没有对错之分,您的意见对我们开展这方面的工作很重要,欢迎您给我们提出宝贵意见,谢谢合作。

1. 您知道"乡村健康金话筒"联播活动吗?从哪儿听说的?

2. 听过这个栏目的播出吗?是经常听还是偶尔听?为什么?

3. 这个栏目中您喜欢哪种形式的节目?能举个例子吗?

4. 这个栏目的节目容易理解吗?哪些内容不容易理解?

5. 在您听过的节目中,什么节目给您的印象最深?为什么?

6. 您收听到的这个栏目每次播出的时间是多少?您认为这样的时间长还是短?多长时间更合适?

7. 这样的栏目您认为在什么时间播出更合适些?

问题:请分析该案例访谈提纲的结构和问题设计的逻辑思路。

案例2:

清苑农林高优专业社社员访谈表

访谈地点:_____乡_____村

访谈时间:_____年_____月_____日

访谈人:

您好!我们是××农业大学农村区域发展专业的学生(出示学生证),现在正在进行教学实习活动。农林高优专业社是清苑一个比较有名的农民组织,为了加快农林高优专业社的发展,使其更好地为农民服务,我们想占用您一些时间,了解一下目前高优社存在的问题,社员对高优社的看法等等。我们对您的回答保证严格保密,不会损害您的任何利益。希望得到您的支持与合作。谢谢!

1. 您是什么时间加入高优社的?

_____年_____月

2. 您是高优社的哪类社员?

① 生产社员; ② 尝试社员; ③ 购销社员; ④ 服务社员

3. 您加入高优社主要是因为:

① 化肥、农药、种子等便宜;② 可以得到技术指导;③ 服务态度好;④ 农产品销路有保证;⑤ 可以及时得到"五新";⑥ 其他

4. 您喜欢高优社的哪几项服务?

① 生产资料服务;② 技术服务;③ 市场信息服务;④ 资金融通服务;⑤ 农业保险服务

5. 您对高优社的抵股金怎么看?_____

6. 您对高优社的服务总体评价是:

① 满意;② 较满意;③ 一般;④ 不满意

7. 您认为高优社目前还需要在哪些方面有所发展或改进:＿＿＿＿＿＿

问题:该案例可应用于结构式访谈吗? 为什么?

📖 **拓展训练**

请以"在岗秘书人员的职业能力"为题开展一次个别访谈,访谈提纲自拟。

任务4　撰写调查报告

一、任务描述

1. 调查报告是秘书调查、研究和报告工作的最后一个环节。这三个环节中,调查是基础,研究是关键。调查报告的写作是把调查获得的材料所形成的观点,通过布局安排、语言调遣组织成文章。"调查"是"研究"的事实基础;"研究"是"报告"的理论依据;"报告"是调查、研究的具体体现。

2. 调查报告侧重于研究与结果,是以调查为前提,以研究为目的,研究始终处于主导的、能动的地位,它是调查与研究的辩证统一,充分反映调查研究的结果。

二、知识要点

1. 调查报告的概念

调查报告是对某一情况、某一事件调查研究后,将所得的材料和结论加以整理而写成的书面报告。调查报告的使用范围很广:制定方针政策、解决各种实际问题、弄清事情真相、扶植新生事物、推广典型经验,都离不开调查报告。从广义上理解,所有的调查报告都或多或少带有某种研究性质,都是调研报告。

2. 拟写调查报告需要注意的问题

(1) 调查报告的写作是把调查获得的材料所形成的观点,通过布局安排、语言调遣组织成文章。因此,掌握大量、真实、全面的客观事实和具体数据是拟写调查报告的基础。需要注意的是,写入调查报告的材料都必须真实无误,调查报告中涉及的时间、地点、事件经过、背景介绍、资料引用等都要求准确真实。

(2) 调查报告要紧紧围绕事实进行讨论,要求叙大于议,有叙有议,叙议结合。要防止只叙不议,观点不鲜明;也要防止空发议论,叙议脱节。

(3) 调查报告的语言要简洁明快,有时可以生动活泼,适当采用群众性的生动而形象的语言。同时注意使用一些浅显生动的比喻,增强说理的形象性和生动性。

3. 调查报告的格式

调查报告的格式要规范,结构要完整。

调查报告一般由四个部分组成:标题、前言、主体和结尾。

(1) 标题

调查报告要用能揭示内容中心的标题,具体写法有以下几种:

① 公文式标题。这类调查报告标题多数由事由和文种构成,平实沉稳,如《关于知识分子经济生活状况的调研报告》;也有一些由调查对象和"调查"二字组成,如《知识分子情况的调查》。

② 一般文章式标题。这类调查报告标题直接揭示调查报告的中心,十分简洁,如《本市老年人各有所好》。

③ 提问式标题,如《"人情债"何时了》,这是典型调查报告常用的标题写法,特点是具有吸引力。

④ 正副题结合式标题,这是用得比较普遍的一种调查报告标题,特别是典型经验的调查报告和新事物的调研报告的写法。正题揭示调查报告的思想意义,副题表明调查报告的事项和范围,如《深化厂务公开机制 创新思想政治工作方法——关于武汉分局江岸车辆段深化厂务公开制度的调查》。

(2) 前言

调查报告的前言简要地叙述为什么对这个问题(工作、事件、人物)进行调查;调查的时间、地点、对象、范围、经过及采用的方法;调查对象的基本情况、历史背景以及调查后的结论等。这些方面的侧重点由写作者根据调研目的来确定,不必面面俱到。

调查报告开头的方法很多:有的引起读者注意,有的采用设问手法,有的开门见山,有的承上启下,有的画龙点睛,没有固定形式。但一般要求紧扣主旨,为主体部分展开做准备。文字要简练,概括性要强。

(3) 主体

这是调查报告的主干和核心,是引语的引申,是结论的依据。这部分主要写明事实的真相、收获、经验和教训,即介绍调查的主要内容是什么,为什么会是这样的。主体部分包括大量的材料——人物、事件、问题、具体做法、困难障碍等,内容较多,所以要精心安排调查报告的层次,安排好结构,有步骤、有次序地表现主题。

调查报告中关于事实的叙述和议论主要都写在这部分里,是充分表现主题的重要部分。一般来说,调查报告主体的结构有三种形式:

① 横式结构。即把调查的内容,加以综合分析,紧紧围绕主旨,按照不同的类别分别归纳成几个问题来写;每个问题可加上小标题,而且每个问题里往往还有着若干个小问题。典型经验性质调查报告的格式,一般多采用这种形式的结构。这种形式观点鲜明,中心突出,使人一目了然。

② 纵式结构。有两种形式,一是按调查事件的起因、发展和先后次序进行叙述和议论。一般情况调查报告和揭露问题的调查报告的写法多使用这种结构方式,有助于读者对事物发展有深入全面的了解;二是按成绩、原因、结论层层递进的方式安排结构。一般综合性质的调查报告多采用这种形式。

③ 综合式结构。这种形式兼有纵式和横式两种特点,互相穿插配合,组织安排材料。采用这种结构的调查报告写法,一般是在叙述和议论发展过程时采用纵式结构,而在写收获、认识和经验教训时采用横式结构。

调研报告的主体部分不论采取什么结构方式,都应该做到先后有序、主次分明、详略得当、联系紧密、层层深入,为更好地表达主题服务。

（4）结尾

结尾是调查报告分析问题、得出结论、解决问题的必然结果。不同的调查报告,结尾的写法各不相同,一般来说,调查报告的结尾有以下五种:

① 对调研报告归纳说明,总结主要观点、深化主题,以提高人们的认识;

② 对事物发展做出展望、提出努力的方向,启发人们进一步去探索;

③ 提出建议,供领导参考;

④ 写出尚存在的问题或不足,说明有待今后研究解决;

⑤ 补充交代正文没有涉及而又值得重视的情况或问题。

三、任务实施

任务布置

水污染问题是社会普遍关心的一个环境问题,不仅如此,水污染问题还关乎民生,因此,开展水污染问题的调查研究工作,具有很强的现实意义。请就本市的水污染问题为例,开展一次水污染问题专题调查活动,并写出调查报告。

任务指导

1. 调查报告写作前的准备

首先明确此次调研活动的目的是查清本市水污染的基本情况;其次,明确调查报告的用途是为今后开展治理水污染工作提供参考意见和依据。这也是开展此次调研活动、拟写调查报告的指导思想。

2. 调查报告拟写中的准备

首先,拟定调查报告的结构提纲,应当包括四部分结构;其次,调查报告的拟写应当包括以下几个方面的内容:

（1）水污染状况;

（2）造成水污染的原因;

（3）本市水污染的特点;

（4）初步治理水污染的建议。

任务评估

评价方式:学生自评、小组评价和教师评价(评价过程可采用评分表格进行,评分表如表5-4所示)。

评价依据:

1. 调查报告的材料要充分、客观。

2. 调查报告的主旨要明确、清晰。

3. 调查报告的结构要完整。

4. 调查报告的语言表达要清晰,符合科学性。

表5-4　撰写调查报告评分表

任务：撰写调查报告							
组长：		组员：			指导教师：		
调查报告的材料（15分）	调查报告的主旨（15分）	调查报告的结构（25分）	调查报告的表述（35分）	团队合作（10分）	自我评价（20%）	小组评价（30%）	教师评价（50%）

四、实践训练

案例讨论

华为技术有限公司企业调查报告

作者：张智豪

深圳市华为技术有限公司是一家专注于电信设备研究、开发、制造与销售的高科技民营企业。1999年公司销售收入120亿元，是中国最大的通信设备制造商，并且在世界通信设备行业已经取得了一定地位，其中程控交换机在同行业综合排名第九。

一、产品及市场现状

（一）市场概况

华为公司自行研制和生产的产品覆盖交换、传输、接入网、移动通信及无线通信、ATM、数据通信、智能网、支撑网、智能高频开关电源、动力设备及环境集中监控系统、会议电视、图像监控、CATV等主要通信领域。

（二）销售收入

目前，华为除了深圳总部，在北京、上海、南京设有研究所，在上海、沈阳等地设立了分公司，在全国华为共建立了33个办事处和35个用户服务中心。为了拓宽发展空间，华为准备于年底将总部搬到坂田，华为坂田基地一期已完工，是目前世界集中生产通信设备最大的基地（工程分为四期完工，总投资60亿元人民币）。同时，为了拓展海外市场，华为在美国、香港等30多个国家、地区设立了分支机构，产品已广泛进入美国、香港、俄罗斯、立陶宛、保加利亚等11个国家和地区，在俄罗斯、巴西建立了合资生产企业，并在印度和美国建立研发中心。

华为现有员工11000余人，其中85%具有本科以上学历，60%具有硕士、博士和博士后学历，员工平均年龄是27岁。从人员结构看：科研人员占40%，市场营销和服务人员占35%，生产人员占10%，管理及其他人员占15%。

二、公司经营分析

（一）战略分析

"华为将通过二次创业，保证公司持续高速发展，用十年时间使公司各项工作与国际接轨；管理水平达到国际标准；市场营销国际化，具有国际竞争能力。坚持以产品经营为主,在关键成功要素上集中配置资源,以局部优势迅速增强公司的技术实力、市场定位和管理能力。"从以上华为发展战略的描述中可以看到,华为的发展战略为 10 年规划,属于纵向式的发展模式,但横向的战略仍需完善,资金、技术、市场等一系列问题可能还会制约企业的发展,开拓属于自己企业的空间和市场才有可能占领市场先机,赢得消费者。顾客的满意才能使企业财源滚滚。华为发展的思路须走向更广阔、更长远一些。

（二）产权与经营机制分析

华为是民营高科技企业的代表,民营机制是高科技公司取得成功的关键因素之一。高科技产业的本质是变化快,它要求企业必须信息灵、决策快、行动迅速。民营机制的核心是自主决策,自己承担全部责任,因此很适应这些要求。

华为根据自身需要探索了一套适合自身发展的企业经营机制。例如,对公司作出贡献的员工给予适度的奖励,优秀的员工可以适度得到奖金、职务的提升、加工资、分到公司股权、红利、福利以及其他人事待遇。这是一种价值分配的方式。可以最大可能地调动员工的积极性;一个有活力的企业是需要有活力的员工和灵活的经营理念。华为在产权与经营机制上无疑走在了前列。

（三）高层管理分析

华为在高层管理上遵循民主决策,权威管理的原则。这避免了权利的滥用,更保证了公司的战略可以准确无误的传达和贯彻。民营企业的高层处于"金字塔"的顶层,对于整个系统都起到至关重要的作用,因为华为是属于直线职能式组织结构的企业,权利的正确使用成为直线职能式组织结构式企业发展的关键。在管理上华为强化基层执行,使责任落在实处。企业要保证信息传达畅通无阻就必须约束好自己的员工,订立严格的规章制度,确保企业的各项章程正常执行。

（四）组织创新分析

华为在 1996 年就开始建立内部互联网,一直以来,不断地逐步完善,并在它的基础上形成了许多新的工作方式。内部互联网在华为的组织创新上发挥着重要的作用,先进的信息技术使华为的运作效率走在了同行的前列。究其原因,概括为以下几点:

1. 贴近市场,捕捉市场信息的能力强。网络的使用使企业的触角伸的更广,空间也不再成为信息获取的障碍。员工能自由快速获取企业的相关信息,就能够把握企业的脉搏,他们能够获得思考的素材和依据。这样企业才能变得更加智慧。

2. 企业的中间层作用变为充当信息的中转站。在信息能够自由流动之后,中间层就可以被削减,这使组织的扁平化成为可能。中央数据库的建立,使信息的采集、归档、管理更加方便,检索查阅非常迅速。便捷的信息收集和传播提高了华为的组织反应能力。

三、存在问题

1. 产品开发、销售系统不完善。

中间研发、市场、中间调试、生产、采购等部门没有一同真正地投身到产品开发过程中,华为并没有将整个的产品开发过程作为一种投资管理过程,研发出来的不是一个可以规模销售的产品而是一个科研成果。这导致了产品的高开发成本。新产品设计方案不准确,新产品的价格定位有问题。产品开发周期长,开发过程早期缺乏可生产性、可采购性和可维护性的考虑。

产品开发资金浪费问题也十分突出。究其原因是:

(1) 开发的早期阶段没有在关键检查点进行充分的取舍决策。

(2) 极少的智力资产被重用,新产品的开发从项目经理到设计人员多以新人为主,精英、骨干们"英雄无用武之地"。产品软件开发、软实力、技术等核心层面缺乏新鲜血液。

(3) 新产品市场营销不畅通。新产品的分销渠道建立方面缺乏足够的技巧和经验。产品开发过程中投入不足,没有提出足够供研发用的产品发展策略(如市场需求,市场定位及投放市场的时间等),也没有确保市场及营销已经准备好去接手新的产品。

2. 人才选用方式仍需完善和加强。在新产品及策略产品的推广时,缺少有针对性的激励方法。市场营销方面,因产品的复杂性,一方面要培养团队作战的方式,另一方面也要关注销售人员的激励问题,尤其是对新产品的销售要有相应的激励方法发挥其最大的潜能,否则很容易忽视产品与产品的紧密关系,无法形成对客户的一致,造成只重收庄稼不愿去松土的情况。

3. 企业发展思路还须走向更广阔、更长远一些。发展战略仍需更为具体,市场应走向多元化、多领域、高层次的国际化层面。

四、对华为管理及发展的建议

建议一:建立符合市场规律的经营机制。让企业在迅速发展的市场中占领先机并拥有强大的营销能力。

建议二：保持技术常青是企业永远不败的法宝。明确产权关系和灵活经营机制、核心技术的领先及管理研发的独特性。

建议三：保持企业内部沟通网络的畅通无阻；高效的团队和高效率的网络联系平台；确保公司组织内部创新机制可以有效地发挥作用。

建议四：人才是企业第一资源，人力资本是企业可持续发展的源泉。人力资本是企业价值创造的主要要素，是企业未来持续成长和发展的源泉。只有真正灵活运用人力资源管理，汲取了其中的精髓，才能更好地用好人才，发挥人才的能动性和创造性。

如果企业既不重视人才，不珍惜人才，闲置人才，压抑人才，不给人才施展才能的机会，将会导致人才流失严重。企业目光要远大，"聚天下贤才，得天下之精英，创天下之精品。五湖四海皆兄弟，商贾云汇满宾朋。"

建议五：培育生生不息的企业文化是企业发展的动力。华为应该利用自身独特的企业文化打造出精品，为社会其他企业做出榜样。

问题1：通过调查分析，哪几个因素成为华为民营机制高科技公司取得成功的关键？

问题2：针对存在的三个问题，调研者从企业管理和企业发展的角度提出了哪几个方面的建议？

拓展训练

根据当前热点问题，开展一次专题调研活动，并写出调查报告。

参考文献

[1]罗春娜,张智:《秘书实务》,清华大学出版社,2010 年。

[2]宋湘绮,刘伟:《项目化——秘书综合实训》,电子工业出版社,2009 年。

[3]王晓彬,包镭:《秘书实务训练教程》,北京大学出版社,2009 年。

[4]杨群欢:《秘书理论与实务教程》,浙江大学出版社,2009 年。

[5]谭一平,吴竞:《秘书实务与案例分析》,外语教学与研究出版社,
2009 年。

[6]吴良勤,雷鸣:《秘书实训指导与案例分析》,北京大学出版社,2010 年。

[7]金常德:《秘书日常事务管理》,北京大学出版社,2010 年。

[8]王瑞成:《新编秘书理论与实务》,中国人民大学出版社,2011 年。

[9]张小慰:《秘书岗位综合实训》,重庆大学出版社,2010 年。

[10]黄海:《办公室工作实务》,电子工业出版社,2012 年。

[11]中国就业培训技术指导中心:秘书国家职业资格培训教程四级秘
书,中央广播电视大学出版社,2006 年。

[12]杨锋:《秘书实务》,中国人民大学出版社,2011 年。

[13]张丽琍:《秘书会务工作与实训》,中国人民大学出版社,2009 年。

[14]熊衍红:《市场调查与预测》,北京大学出版社,2011 年。

[15]魏炳麒:《市场调查与预测》(第三版),东北财经大学出版社,
2010 年。

[16]余红平,雷鸣:《秘书信息工作实务》,重庆大学出版社,2010 年。

[17]王伟龙:《论新形势下现代企业对秘书工作的要求》,《大家》,2011
年 16 期。

[18]封美术:《刍议通信企业秘书工作者的信息素养》,《秘书之友》,
2009 年 04 期。

[19]马兰:《浅谈企业文秘工作与档案管理工作的有机结合》,《甘肃科
技纵横》,2011 年第 2 期。